LEARN HUNGARIAN

ISBN: 978-1-987949-90-2

This book is published by Bermuda Word. It has been created with specialized software that produces a three line interlinear format.

Please contact us if you would like a pdf version of this book with different font, font size, or font colors and/or less words per page!

LEARN-TO-READ-FOREIGN-LANGUAGES.COM

Dear Reader and Language Learner!

You're reading the Paperback edition of Bermuda Word's interlinear and pop-up HypLern Reader App. Before you start reading Hungarian, please read this explanation of our method.

Since we want you to read Hungarian and to learn Hungarian, our method consists primarily of word-for-word literal translations, but we add idiomatic English if this helps understanding the sentence.

For example:

mindannyian	kudarcot	vallottak
all of them	failure	sustained
	[failed	]

The HypLern method entails that you re-read the text until you know the high frequency words just by reading, and then mark and learn the low frequency words in your reader or practice them with our brilliant App.

Don't forget to take a look at the e-book App with integrated learning software that we offer at learn-to-read-foreign-languages.com! For more info check the last two pages of this e-book!

Thanks for your patience and enjoy the story and learning Hungarian!

Kees van den End

LEARN-TO-READ-FOREIGN-LANGUAGES.COM

3   Cím & Tartalomjegyzék

TARTALOMJEGYZÉK
CONTENTS

A LÓFIÓ
The Horseyoung
(Foal)

A	kaplonyi	ménes	nagy	hírű	volt	abban az	időben.
The	Kaplony-of	stud	very	famous	was	in that	time-in
[The	stud of Kaplony	]	[was very	famous	]	[at the time	]

A	gróf	Károlyiak	tisztavérü	angol	méneket	tartottak	s
The	count	of the Károlys	pure-blooded	English	stallions	kept	and
			[kept pure-blooded	English	stallions	]	

ezek	messze	földről	csalogatták	a	lószeretö	urakat,	meg
these	far	land-from	lured	the	horse loving	gentlemen	also
	[from far-off	lands]					(and)

a	lókötő	parasztokat.
the	horse rustling	peasants

Sós	Gyurka	uralkodott	akkor	a	felsőtiszaháti	síkon;
Salty	Gyur-little	ruled	(at) that time	the	upper Tisahat	plain-on
	(Gyurka)					(plain)

6 A Lófió

Ez a parasztbetyár néha **esztendőkig** nem adott hírt
This   peasant outlaw   sometimes for a year   not   gave news
                      (a year)   [did not give]

magáról, mindenki tudta, hogy kisari féltelkes gazda.
himself about all   knew   that   Kisar-of half-plot   owner
(of himself)   [that he is a small landholder from Kisar]

Máskor meg egy hónap alatt úgy fellovalt három
Other time also a   month   during so harangued three
(Another time)   [during a month   ]

vármegyét, hogy **esztendőkig** zúgott tőle a világ.
county   that   for a year   roared of it the world
(counties)   (was in an uproar)

Sós Gyurka egyszer csak elszánta magát, hogy ellop
Salty Gyurka one time only decided himself that (he) steals
           [all of a sudden]   [to steal]

egyet a gróf **csődörei** közül.
one the count his stallions between
[from between one of the   count's stallions]

7 A Lófió

Első | próbálkozásra | nem | sikerült, | de | legalább | egy
First | attempt-onto | not | succeeded | but | at least | a
(The first) | (attempt) | [did not | succeed]

pompás, | esztendős | forma | csikót, | vagy | ahogy | Kisarban
stunning | year-old | formed | colt | or | as | Kisar-in
| | | | | | (in Kisar)

mondják: | lófió-t | elkantározott.
(they) say | horseyoung | (he) bridled

Jókedvűen | kocogott | hazafelé.
Cheerfully | (he) trotted | homewards

Jó | messze | van | a | károlyi | határ | a | tiszaparti | kis | faluhoz,
Good far | | is | the | Károly-of | border | the | Tiszapart-of | small | village-with
(Quite) | | | | (Károly) | | [fromthe small village of Tisapart]

odavalósi | ember | holtig | emlegeti | ma | is, | ha | egyszer
there originally-of | people | death-until | mention a lot | today | as well | if | once
(local) | | [forever | talk about]

életében | megtette | ezt | az | útat, | csak | Sós | Gyurkának
life-of-in | made | this | | journey | only | Salty | Gyurka-to
(in a lifetime) | | | | | [only to | Salty | Gyurka]

nem | volt | messzi | ez | a | messzi.
not | was | far | this | | distance

9 A Lófió

Szépen megvirradt, mikor egyszerre csak két pandúr
Nicely (the) day broke when one time only two militiaman
[suddenly] (militiamen)

akadt szembe a betyárral a harmatos mezőn.
caught sight the scoundrel-with the dewy fields-on
(of the) (scoundrel) (on the) (fields)

A veres pántos legények rögtön megismerték a csikót,
The red strapped boys right away recognized the colt

hogy nem a görbe, száraz kis parasztló ellette, hát
that not the curved dry small peasant horse gave birth then
(sagged) (dull) (had produced)

űzőbe vették Gyuri gazdát, aki hamarosan befordult a
in pursuit went Gyuri smallholder who quickly went into the
[of smallholder Gyuri]

szomszédos halvány mocsárba.
adjoining foggy swamp-in
(swamp)

Jó ideig gázolták a sarat, nádat, gyékényt, szittyót, a
Good time-for (they) waded through the mud reed bulrush rush the
[For some time] (reeds) (bulrushes) (rushes)

sulymos vizeket s a pandúrok egyre közelebb értek az
water-chestnut-filled waters and the militiamen one-onto closer reached the
(water) [closer and closer]

emberhez.
man-with
(man)

Mert	a	betyár	nagyon	sajnálta	a	csikót.
Because	the	outlaw	very much	pitied	the	colt

Gyenge	az	még	ilyen	hajszára,	azt	is	csak	meg	ne
Weak	it	still	such	chase-to	that	also	only	did	not
[It was still	weak	after the	chase	]	[which it	however did not mind			

bánja,	hogy	ilyen	éktelen	nagy	utat	tett	meg
mind	that	such	decoration-less	large	trek	made	
]	[after that	awfully	long stretch of	travel			

egyhuzamban.
in one go
]

Ő	nem	teszi	tönkre	a	jószágát!
He	not	does	block onto	the	cattle-his
			(break down)		(cattle of him)

Kivádolt	egy	tisztásra,	megállott,	leszállt	a	lóról	s
Charged out	a	glade-onto	stopped	dismounted	the	horse-from	and
(He charged out)	[onto a	glade]			[from	the horse]	

bevárta	az	üldözőit.
awaited	the	pursuers-his
		(pursuers of him)

11 A Lófió

Lesz, ahogy lesz!
Will be that what will be

Meg is csutakolta a reszkető csikót, mire a két
And also rubbed the shaking colt upon which the two

pandúr odaért felvont puskával.
soldiers arrived raised rifle-with
                 [with raised rifles]

"Aggyisten!" köszönt nekik barátságosan, ahogy azok
Good-god (he) greeted to them in a friendly manner as these
(God is good)   (them)
kievickéltek a mocsárból.
extricated themselves the marsh from
                 [from the marsh]

"Aggyisten!" fogadta a két pandúr.
Good-god received the two soldiers
(God is good) (greeted back)

Már   látták,   hogy   itt   ésszel   kell   élni,   a   betyár   nem
Already   (they) saw   that   here   sense   must   live (reign)   the   outlaw   not

akar   ökölre   menni.
wants   fist-onto [to fight   to go]

"Miért   járnak   erre   uraim?"   kérdezte   a   betyár.
Why   walk (come)   this to (here)   my gentlemen   asked   the   outlaw

"Ezt   a   csikót   kerülgetjük,"   vetette   oda   hegyesen   a
This   colt   (we) hang around   threw [spat out   there]   sharply   the

nagyobbik   pandúr.
larger   soldier

"Ezt? ...   Hát   ezt   bizony   megérdemli.   Jó   vér."
This   So   it   certainly   deserves   Good   blood

13   A Lófió

"Honnan   való?"
From where
(Where is it from)

"Ez?	Biz	ez	nem	kis	helyről.	A	Károlyi	gróf
This	Surely	it	not	small	place from	The	Károly-from	count
(This one)		(it is)		[from a	small place]	[From	count	Karoly's

méneséből,"	szólt	természetes	hangon	a	betyár.
stud-its-from	said	naturally	voiced	the	outlaw
studs]					

"Ugye	mondtam!"	rikkantott	a	kisebbik	pandúr	a	társára.
So	(I) said	exclaimed	the	smaller-of	soldier	the	mate-his-to
				(smaller)		[to his	companion]

"A	kocsordiban	nem	terem	ilyen!	Láttam	én	azt
The	Kocsord-of-in	not	grow	such	Saw	I	this
[Those	in Kocsord]	(don't)	(breed)		[I saw	]	

messziről."
from far away

14 A Lófió

A	nagyobbik	pandúr	vállra	akasztotta	a	puskát,	elővette
The	larger	soldier	shoulder-from hung		the	rifle	took
			(on the shoulder)				

a	korcból	a	dohányzacskót,	meg	a	pipát	s	míg
the	hem-from	the	tobacco	and also	the	pipe	and	while
[from the hem]								

megtöltötte,	csendesen	szemlélte	a	csikót.
filled	quietly	eyed	the	colt
(he filled it)				

"Kocsordi?"	mondta	a	betyár,	"Hiszen	az	is	jó	ménes,
Kocsord-of	said	the	outlaw	Surely	it	also	(a) good	stud farm
(From Kocsord)					(that is)			

de	ez	oda!	ez	nem	ott	termett.	Ezt	lehet	is	látni."
but	this one	there	this one	not	there	was raised	This	may	also	see
								(one can)		

15   A Lófió

A   nagy   pandúr   a   felsülése   után   igen   elhallgatott,
The   large   soldier   the   failure   after   very much   was silent
                          [after the failure   ]   [was quite   silent]

ellenben   a   másik   leugrott   a   lováról,   úgy   gusztálta,
against-in   the   other   down-jumped   the   horse-from   so   examined
(however)   (jumped down)   [from the horse]   (then)

nézte,   léptette   a   nyalka   csikót.
watched   let step   the   dashing   colt

"Meg   fogja   ütni   a   tizenhat   markot!"   mondta.
Still   (it) shall   hit   the   sixteen   hand   (he) said
                      (be tall as) ()   (hands)

"Meghiszem   azt,"   szólt   öntelten   a   betyár,   a   gazda.
Believe   it   said   smug   the   outlaw   the   (small land)holder
(I believe)

"Megér   három   darab   százast   esztendőre,"   vélte   a   pandúr.
Is worth   three   piece   (of) hundred   year-to   surmised   the   soldier
(It is worth)   (pieces)   (in a year)

"Meg   egy   ezrest,"   eresztette   a   szót   a   foga   közül   a
Still   a   thousand   let go   the   word   the   teeth   between   the
(said)   (words)

tulajdonos.
owner

Elhallgattak.   Nézték.
(They) fell silent   Watched
(They watched)

18   A Lófió

A	lent	ácsorgó,	bámészkodó	pandúrnak	valami	az
The	down	standing	staring	soldier-to	something	the
				(soldier)		[occurred

eszébe	ötlött.
mind-in	occurred
to	]

"Honnan	ért kend	így	a	lóhoz?"
From where	come by you	such	the	horse-with
(Where)	[did you get]		[a	horse]

A	betyár	félszájjal	mosolygott.
The	outlaw	half-mouth-with	smiled
		(half)	

"Láttam	már	egyet-kettőt."
Saw	already	one two
(I saw)	(just)	

19 A Lófió

"No hát isten az atyám, meg is mondom én kicsoda
Well then god the father-my and also say I who-wonder
                     [my father]   [I say] (who on earth)
kend."
you
 (you are)

"Meg-e?"
Also-that
(So that is)

"Meg én... Itt süllyedjek el, ha kend nem Sós Gyurka."
And I Here sink away if you not Salty Gyurka
          [That may sink into the ground right here , if you aren't]

A   híres   ember   csendesen   mosolygott.
The famous man   quietly   smiled

"Tagadja?"
Deny
(You deny)

"Én?   Már   minek   tagadnám."
I   Already what for would deny
                         (would I deny it)

A   másik   kettő   hallgatagon   rámeredt.
The other   two   silently   stared at him

A   szemüknek   alig   mertek   hinni,   hogy   szemtől-szembe
The eye-their   hardly dared   to believe that   eye-from   eye-into
[Their eyes]   [face in face]

állnának   a   hírhedt   betyárral,   akit   pandúr   még   nem   látott
(they) would stand the infamous   outlaw-with which soldier still   not   saw
          (with the)   (outlaw)   (the soldiers) [not yet]

ilyen   közelről.
so   near-from
[this close]

21   A Lófió

Meg	is	villant	a	szeme	mind	a	kettőnek,	mint	a	réti
And	also	flashed	the	eye	every	the	two-to	as	the	field-of
				[their eyes			]	[as the	wolf	to the

farkasnak,	pénz	van	ennek	a	fejére	kitéve,	még	pedig
wolf-to	money	is	this-to the		head-his-to	subject to	still	moreover
pasture]	[they only	think of	money				(even)	

nagy	summa.
(a) high	sum

Héj,	ha	ezt	ma	be	lehetne	vinni	Gyarmatra!
Hey	if	this	today	in	could be	take	Colony-to
		(this one)		[they	would be able	to take]	(to the Colony)

A	kisebbik	pandúr	azonban	hamar	lehiggadt	s	egy
The	smaller-of	soldier	however	soon	mellowed	and	a
	(smaller)						[with his

ujjával	odaintett	a	kalapja	karimájához.
finger his with	there-waved	the	hat-his	rim-its-with
finger]	(motioned)	[to the rim of his hat		]

22   A Lófió

"Én   vagyok   az   Erzsi   ura."
I   am   the Erzsi   master
                ()   (Erzsi's) (husband)

A   betyár   összekapott   szemöldökkel   mustrálta   végig.
The outlaw   together got eyebrow-his-with eyed up   to the end
             [frowning   ]   (from top to toe)

Az   Erzsi   az   ő   nénjének   volt   a   lánya.
The Erzsi   the his aunt-his-to   was   the daughter-her
()   [was his aunt's daughter   ]

"Te   vagy   öcsém? ...   Be   csunya   mesterséged   van."
You   are   cousin-mine Well   ugly   profession-your is
             (my cousin) [Well you have an ugly profession]

"Hát!   mit   csináljak,"   pironkodott   a   pandúr,   s   hamarosan
Well   (it's) what   (I) do   blushed   the   soldier   and   quickly

másra   terelte   a   beszédet,   "be   sokat   emlegeti   az   Erzsus
else-to   directed   the   conversation   Well   (a) lot   mentions   the   Erzsus
(onto something else)   ()

az   idős   anya   testvérét."
the   old mother   brother-her
[the   brother of her old   mother]

"Él   még   a   húgom,   a   Mari?"
Lives   still   the   sister-my   the   Mary
   [my   sister]   ()

"Most   halt   meg   a   tavasszal,   szárazbetegségben.   Már
Now   (she) died   the   spring-with   dry-illness-in   Already
   [in the   spring]   (of tubercolosis)

nagyon   köhögött   a   múlt   ősszel."
very much   (she) coughed   the   last   autumn-with
   (autumn)

25 A Lófió

"Mindig | hajtogatta, | hogy | csak | még | azt | adná | neki | az
Always | (she) said | that | only | still | that | would give | to her | the

isten, | hogy | egyszer | hazamenne | a | szülőföldjére, | és | látná
god | that | one time | (she) would go home | the | birth-lands-her-onto | and | would see
 | | | | | [to her country of birth] | |

a | testvéröccsét, | már | hogy | úgy | sincs | neki . | senkije,
the | brother-junior-her | already | as | so | there is neither | to her | no-one-hers
[her | younger brother] | (since) | | | [she | doesn't have] | (no-one)

semmije | ez | világon. | Jó, | hogy | meghalt | szegény, | nem
nothing-hers | this | world-on | Good | that | (she) died | poor | not
(and nothing) | [in this | world] | | | | (the poor soul) |

kivántam | neki | sose, | de | ő | maga | is | tudta, | hogy | teher
wished | to her | never | but | she | (her)self | also | knew | that | (a) burden
(I wished that) | | | | | | | | |

ő | már | a | földnek | is."
she | already | the | land-to | also
 | [was | to the land] |

"Aztán | van | családod?"
That after | is | family-your
[You have | any other | family]

"Két | gyerekem | van, | meg | egy | kis | lányom."
Two | kid-my | is | plus | a | small | girl-mine
[I've | got two kids |] | | | | (girl)

A   betyár   bólogatott.
The   outlaw   nodded

"Hát   akkor   jókenyér..." mondta,   a   legelső   gondolatára
Well   then   good bread   (he) said   the   first   thought-his-onto
          (it pays well)   (onto the)   (thought)

térvén   vissza.
plan   returns
()   (returning)

"Jobb   mintha   kondás   maradok,"   intett   rá   a   pandur   s
Better   as if   swineherd   remain   motioned   to him   the   soldier   and
          (than if)   [I remain a   swineherd]

olyat   lélegzett,   mintha   sóhajtott   volna.
so   breathed   as if   sighed   would
          [as if he   sighed   ]

27 A Lófió

"Nem   szerettem   azt   a   puha   életet.   Nem   állotta   a
Not   (I) wish   that   the   soft   life   Not   stale   the
                                ()   [is my

természetem.   Mikor   megházasodtam,   és   hallottam,   hogy
nature-mine   When   (I) married   and   (I) heard   that
nature]

Gyuri   bátyám   az   Erzsusnak   rokona,   gondoltam   rá,   hogy
Gyuri   brother-mine the   Erzsus-to   cousin-her   (I) thought   onto-it   that
          (my brother) [was   Erzsus'   cousin]   (of it)

én   is   felcsapok..."
I   also   enlist

"De   olyan   messze   volt."
But   so   far   (it) was

"Egye   meg   a   fene,   így   aztán   csak   pandúr   lettem."
One   and   the devil   so   after that   only   local militiaman (I) became
[Damn it   ]

"Sose   sajnáld,"   mondta   komolyan,   elborulva   a   deresbajszú
Never   be sorry   said   seriously   sad becoming   the   grey-moustached

parasztbetyár,   "az   mégis   csak   biztosabb."
peasant outlaw   it   still-also   only   more secure
             (it is)   (all the same)

A   nagy   pandúr   ott   a   lóháton   maga   is   elgondolkozott.
The   large   soldier   there   the   horseback-on   self   also   pondered
                        [on   horseback]

Most   már   mit   csináljon   ha   ez   az   ő   cimborája   ilyen
Now   already   what   does   if   this   he   buddy-his   such
             (to do)   [this buddy   of his]

sógorságban   van   a   betyárral.
relationship-in   is   the   outlaw-with
(a relationship)   (has)   [with the outlaw]

Csak	nem	cudarkodik	velük,	nem	is	bírna	meg
Just	not	(he) messes	with us	not	also	would manage	[would he manage

magában	a	kettővel...
own-in	the	two-with
both on his own		]

No,	vigye	az	ördög.
Well	(it) takes	the	devil

Döglött	neki	már	másszor	is	lovagolva	az	árokba.
Killed	to him	already	(an)other time	also	riding	the	canal-into
(He would kill)	(him)						[into the canal]

Úgy	sincs	haszon,	istenáldás	az	ilyen	pénzen,	amit
So	neither there is	benefit	godsend	the	such	money-on	which
				[for	such	money]	

ezért	kapna.
for that	(he) would receive

Először   is   felét   se   kapná meg...
First   also half   not   (he) would receive

Ő   keressen   a   csendbiztosnak?
He   searches   the calm-sure-to
     (searches for)   (security)

Azután   meg   a   többit   is   el   kell   inni.
That after moreover the rest   also away must   drink
                                          (would)

A   bártulajdonos   kedvéért   tegye   magát   csúffá? ...
The   bar-owner   benefit-his-for put   himself (to) shame
[For the bar   owner's benefit] (he would put)

Intett   a   pajtásának,   hogy   jó   lesz   tovább   indulni.
Motioned the comrade-his-to   that   good will be farther   to go
[He   motioned his comrade]   [it will be good][to continue   ]

31 A Lófió

A kis pandúr könnyen fölvetette magát a nyeregbe.
The small soldier lightly launched himself the saddle-into
[into the saddle]

"Már mentek?" szólt a betyár.
Already go said the outlaw
[Are you going already]

"Muszáj," mentegetőzött a sógor, "délre Gyarmaton kell
Must be apologized the relation noon-onto Gyarmat-in must
(It must be so) (by noon) (in Gyarmat)

lenni."
(we) be

"Akkor jó lesz igyekezni."
Then good is to hurry
[it is good]

"Istennek　ajánlom　kendet　Gyuri　bátyám."
God-to　(I) recommend　you　Gyuri　brother-my
(To God)　　　　　　　　　　　　　　　(my brother)

Paroláztak.
Shook hands
(They shook hands)

"Isten　áldjon　öcsém...　Te!　Hallod-e,　vidd　el　a　kis
God　bless　younger brother-my　You　Listen　take along　the　small
　　(bless you)　(my brother)　　　　　　　　[take this for　your　little

lányodnak　ezt　ni!"
daughter-your-for　this
　daughter　]

A　kebelébe　nyúlt　s　kivett　egy　piros　kendőt,　abba　volt
The　bosom-his-into　reached　and　out-took　a　red　kerchief　that into　was
[He　reached into his　bosom]　(took out)　　　　　　　　　(in which)

csavargatva　valami.
twisted　something
(wrapped)

33   A Lófió

Egy   piros-fehér-zöld-tarka   bádogcsörgő.
A   red   white   green   speckled   tin rattle

Nagy   ritkaság   még   akkor.
Large   rarity   still   then
(A great)

A   pandúr   az   ujjai   közé   vette   a   gyenge   kis   játékszert,
The   soldier   the   fingers   between   took   the   fragile   small   toy

olyan   óvatosan,   mintha   szappanbuborékkal   akarna   labdázni.
so   careful   as if   soap bubble-with   would want   to play ball
                       (with a soap bubble)

Megzörgette   s   örömében   felkacagott.
Rattled   and   joy-his-in   laughed
(He rattled with it)   (with joy)

"Hú!   hogy   fog   ennek   tapsikolni   az   én   kis   gyerekem!
Whoa   that   (she) will   of this   clap hands   the   I   small   kid-my
                                                       [my   little   kid   ]

Hogy   került   ilyen   kendnél?"
How   arrived   such   you-with
       [did you get   something   like this]

"A   keresztlányomnak   hoztam,   de   már   mindegy,   csak
The   cross-daughter-my-to   brought   but   already   all-one   only
[For   my goddaughter]   (I brought it)   (it doesn't matter)   (just)

vidd   el."
take away
   (take it along)

"Majd   csinálok   ennek   csörgőt   dióból."
Then   I do   of this   rattled   walnut-from
               (for this)   (rattle)   (like a walnut)

"Az   én   istenem   áldja   meg   kedves   édes   bátyám.   Ha   az
The   I   God-mine   bless   nice   sweet   brother-mine   If   the
[God   ]   (bless you)   (brother of mine)   ()

Erzsus   megtudja,   hogy   találkoztam   kelmeddel,   kibújik   a
Erzsus   learns   that   (I) met   you-with   comes out of   the
                                (you)   [she'll   be

bőréből."
 skin-from
 thrilled]

"Jó egészséget!"
Good-health
(I wish you a good health)

A	pandúr	még	egyszer	visszanézett.
The	soldier	yet	one time	looked back
			(another time)	

"Aztán	sok	szerencsét	a	csikóhoz!	Egyem	meg	a
That-after	much	luck	the	foal-with	Eat up		the
(So)			[with	the foal]	(I love)		[its

formáját,	micsoda	jószág!"
form-its	what a	creature
form]		

A	másik	pandúr	már	belegázolt	a	latyakba,	hogy	kifelé
The	other	soldier	already	inwaded	the	slush-into	to	outwards
				(waded into)		(slush)	[to leave	

menjen,	de	ő	is	visszaszólt.
go	but	he	also	back said
]				

37 A Lófió

Ismerős, **természetes,** **megbékélt** **hangon.**
Friendly   natural   reconciled   voice
(In a friendly)

"Hát **formája,** **az** **van.** **Az** **van** **neki!"**
Well   form-its   it   is   It   is   for you
[it sure has   form]

A **betyár** **öntelten** **mosolygott.**
The outlaw   smug   smiled

Megveregette **a** **csikaja** **pofáját** **s** **így** **szólt** **kisarias**
Patted   the foal-his   muzzle-its and thus said Kisar-of-like
                [his foal's   muzzle]   [in Kisari dialect
konok **szóval:**
stubborn word-with
          ]

"Hát **jó** **kis** **lófijó!"**
Well   good little horseyoung
                   (foal)

A PILÓTA
THE PILOT

A	pilóta	kinyújtotta	testét,	mely	a	drótok	közé
The	pilot	outstretched	body-his (his body)	which	the	wires	between

gubancolódott,	és	nyitva	maradt	szeme	nagyrameresztve
was entangled	and	opened [his open	remained remained	eye-his eyes]	great-to-staring (wide staring)

csodálkozott	fel	az	égre.
marveled	up	the [to	heaven-towards heaven]

Most	hol	vagyok,	csodálkozott	a	velő,	mely	lassan
Now	where	am (am I)	wondered	the	brain	which	slow

szivárgott	egy	repedésen.
leaked	a	crack-through [through a crack]

Ezek	a	felhők	feketék	és	sűrűek;	még	sohase	voltam
These		clouds	black	and	dense	still	never	was
								(was I)

ilyen	felhők	között,	és	nem	hallom	berregni	a	motort.
such	clouds	between	and	not	hear	buzz	the	engine
					(hear I)			

Nem	érzem	a	kezeim	és	a	lábaim	se;	görcs	állt	a
Not	feel	the	hands-mine	and	the	legs-mine	neither	cramp	stands	the
	(do I feel)		[my hands]		[my	legs]			(feel)	[in my

kezembe.	Most	hol	vagyok?
hand-mine-into	Now	where	am
hands]			(am I)

Lássuk	csak:	Domodossolában	indultam	el	reggel.
Let's see	just	Domodossola-in	started		(this) morning
		(in Domo d'Ossola)	(I started)		

41   A Pilóta

Gépem   úgy   ragyogott   a   napfényben,   mint   valami   drága,
Machine-mine so   shone   the sun-light-in   as   some   expensive
(My machine)   [in the sunlight]
óriási   ékszer.
huge   jewelry

A   kormányt   igazgattam   és   megszorítottam   néhány   csavart.
The steering rudder (I) adjusted   and   (I) tightened   a few   screw
                                                                            (screws)

Akik   mellettem   álltak,   aggódva   bámészkodtak   az   arcomba,
Those who beside-me   stood   anxiously   stared   the   face-mine-into
           (at my side)   [into my face]
de   én   rájuk   nevettem.
but   I   to them   laughed

Hiszen	én	csináltam	a	gépet,	mondtam	nekik,	én
Surely	I	made	the	machine	(I) said	to them	I
		(fixed)					

csináltam	az	utolsó	szegig,	csak	tudom,	hogy	kell	vele
made	the	last	nail	just	(I) know	how	(one) should	with it
								(it)

bánni.
handle

Megveregettem	a	csavart,	mint	egy	paripa	lobogó
Patted	the	screw	as	a	steed	waving
(I patted)		(propeller)				

sörényét.
mane-his

Aztán	belepattantam	az	ülésbe.
Then	into-up-jumped	the	seat into
	(I jumped up into)	[into the	seat]

43   A Pilóta

Két   kezem   a   fogóra   feszült.
Two   hand-mine the   handles-onto tensed
[My two hands]

Előttem   a   magassági   kormány   rézkupakja   csillogott.
Before me   the   height-   rudder   copper-cover-its   gleamed
                                                   (its copper covering)

Mereven   figyeltem,   hogy   fordul   el,   mikor   balkezem   letolta
Fixedly   (I) watched how   (it) turns away   when   left hand-mine down-pushed
                                                            (my left hand)
a   fogót.
the   handle

Még   láttam   néhány   kusza,   elfolyó   arcot,   amint   elcsaptak
Still   (I) saw   a few   confused   flowing past   face   as   (they) away-hit
                                                     (faces)
kétoldalt.
on both side
(on both sides)

Aztán	csak	két	fehér	lapot	láttam	már	és	magam	előtt
Then	only	two	white	sheet	(I) saw	already	and	myself	before
				(sheets)	(*the wings*)				

egy	áttetsző,	villogó	korongot.
a	transparent	flashing	disk

Aztán	előrehajoltam	és	láttam	magam	alatt	szaladni	a
Then	(I) leaned forward	and	(I) saw	myself	in	run	the

sárga	földet,	szembe	egy	fekete	árnyfolttal,	mely	sötét
yellow	land	grain-in	a	black	shadow-spot-with	which	dark
		(in the grain)			(shadow spot)		

volt	és	óriási,	és	madáralakú.
was	and	huge	and	bird formed

A **fogó** **sivított** **és** **egyszerre** nagyobbodni **kezdett** a
The handle whistled and at the same time to grow larger started the

távoli **hegyoldal.**
remote mountainside

Szédítő **sziklafal** **meredt** **előttem** néhány **pillanatig;** egyet
Dizzying cliff rose in front of me a few moment one
(A dizzying)   (moments)
csavartam, **lefelé.**
screw-my downwards
(of my propellors)

A **sziklafal** **erre** **zuhanni** **kezdett** **alattam** **és** **összeszaladt.**
The cliff at this to sink started under me and rushed together

Csúcsba **futott** **és** **eltűnt,** **mintha** **levágták** **volna.**
Top-into (it) ran and disappeared as if down-cut would be
(Into the top)

Messze,	mérhetetlen	kékség	tárult	ki	végtelenül.
Far	immeasurable	blueness	opened	out	endlessly

Alattam	apró,	zöld	dudorok	dagadtak;	kerestem	az
Beneath me	small	green	bumps	swelled	(I) looked for	the

árnyékom,	és	megláttam:	picike	fekete	pont	volt;	épp
shadow-my	and	saw	(a) tiny	black	point	(it) was	just
(shadow of mine)							

most	kúszott	lefelé	egy	lankás	hegyoldalon	és	beleringott
now	crawled	down	a	sloping	hillside-on	and	into-down-swung
					(hillside)		(swung down into)

a	határtalan	lapályba.
the	limitless	plain-into
		(plains)

Lassan	úszott	keresztül	egy	négyszögű	rozsföldön;	egy
Slowly	swam	across	a	rectangular	rye field	a

erdő	sötét	lombjai	fölött	percre	eltűnt,	aztán	az
forest	dark	foliages-its	over	minute-to	disappeared	then	the
(forest's)		(foliage)		(for a minute)			(on the)

országút	vékony,	vakító	pántlikáján	pillantottam	meg	újra,
land road	thin	glaring	ribbon-its-on	caught sight		new-onto
(road)			(ribbon of it)	(I caught sight of it)		(again)

amint	áthúzódott.
as	(it) drew across

A	folyó	azonban	párás	volt	és	előttem	valami	kék,
The	river	however	hazy	was	and	before me	some	blue
							(into some)	

messze	ködbe	folyt.
far	fog-into	flowed
	(fog)	

49 A Pilóta

Oldalt a fehér falu körbefordulni látszott; kis piros
Side the white village circle-in-turn seemed small red
(To the side) (to turn around)

pontok tarkáztak, és az egész lassan ferdült át a
dots speckled and the whole slowly skewed to the

másik oldalra.
other side-to
(side)

Feljebb, mondtam hangosan, és taszítottam a fogót.
Up higher (I) said loud and pushed the handle

A drótok sírva remegtek.
The wires shrieking shook

51 A Pilóta

Hallottam zihálni a dugattyút, át a pokoli berregésen.
Heard   wheeze   the piston   through the hellish   roar
(I heard)   (pistons)

Folyó, országút, minden vonal egyszeribe szerteszaladozott
River   land-road   all   line   one-time-into all over ran
(road)   (lines) (at once)
és   végtelenbe kitágult.
and endless-into expanded
(infinitely)

Előrehajoltam, kinyúltam egészen és a redőnyt felcsaptam
(I) leaned forward stretched out completely and the shutter   up-swiped
(shutters) (put up)
szájam elől.
mouth-my before
(my mouth)

A   szél   sivítva   arcomba   ütött.   Feljebb,   lihegtem.
The wind   shrieking face-mine-into struck Higher   (I) panted
                       (into my face)

Oldalt   dőltem,   hogy   a   balszárny   felemelkedjen,   mert
Sideways (I) leaned (so) that the left wing lifts up   because

balról   hajrázó,   sivalkodó   szélrohamok   dörömböltek   a
left from spurted   shrieked   gusts   banged   the
                                                            [on

vászonlapon.
canvas-sheet-on
the canvas sheet]

A   fogó   mereven,   sárgán,   hidegen   ragyogott   szemeim   előtt.
The handle rigidly   yellow   cool   shone   eyes-mine   before
                                                       [before my eyes]

53 A Pilóta

Zizegő, éles zörejt halottam, mintha reszelnék a levegőt.
Rustling sharp noise (I) heard as if (I) would rasp the air
(I was rasping)

Percekig egyetlen vonalat se láttam előttem. Aztán
Minutes for (a) single line neither (I) saw before me Then
(For several minutes)

hozzászokott szemem a közeghez.
got used eye-mine the medium-to
(my eyes) (to the) (medium)

Most lágy, mérhetetlen kékség volt minden, szélén
Now soft immeasurable blueness was all edge-its-on
(the soft) (totally) (on its edge)

valami fehéres, lefelé görbülő, óriási vonallal.
something whitish down curved vast line-with
(with some) (line)

És   ez   az   egész   tér   telehintve   apró,   fehér   pihékkel;
And   this   whole   space   sprinkling all over   small   white   fluffs-with
                                                                                   (fluffs)

ezek   eltűnedeztek,   és   felbukkantak   megint.
they   disappeared   and   emerged   again

A   tenger   forrongott   alattam.   Partot   nem   láttam   sehol.
The   sea   seethed   under me   Shore   not   (I) saw   nowhere
                                                                            (anywhere)

Órákig   tartott   ez,   vagy   napokig?   Milyen   furcsa.
Hours-for stayed   it   or   days-for   How   odd
(For hours)   (remained)   (for days)

Csak   az   bizonyos,   hogy   valami   remegő   karika
Only   the   certainty   that   some   trembling   circle

szorongatta   a   torkom.
clutched   the   throat-my
                      (throat of me)

55   A Pilóta

Aztán   mintha   vékony,   **libegő**   selyemlapba   ütöttem   volna
Then   as if   thin   dangled   silk sheet-into (I) hit   would be
                 (into a thin)   (silk sheet)   (would have)

a   fejem,   amit   nem   tudtam   keresztülszakitani   a   fejemmel.
the head-mine which not (I) can through-tear   the head-mine-with
(head of mine)   (tear through)   [with my head]

Ez   akkor   volt,   mikor   a   tenger   **eltűnt**   alólam   és   tejszinű
This   then   was   when   the sea   disappeared under me and milky

fehérség   gomolygott   keresztül   köztem   és   a   mélység
whiteness billowed   through   myself   and the depth

között.
between

Egyszerre   sötét,   kemény   körvonalakban   pillantottam   meg,
A time   dark   hard   outline   (I) looked at

újból   az   óriás   árnyék-madarat:
again   the giant   shadow bird

Egy	villogó,	dunyhaszerűen	dagadó	felhőn	feküdt	és
A	gleaming	duvet-kind	swollen	cloud-on	laid	and
(On a)				(cloud)		

lassan	halványult.
slowly	faded

Aztán	minden	fehér	lett.	Hohó,	aztán	minden	fehér	lett.
Then	all	white	became	Whoa	then	all	white	became

Hogy	is	volt?	Följebb,	csak	följebb,	így	táncolt	a
What	also	(it) was	Higher	only	higher	like this	danced	the
								[my

szivem,	majd	hirtelen	elhallgatott.
heart-mine	then	news-without	stopped
heart]		(suddenly)	

Akkor úgy tűnt fel, egy helyben állok.
Then so (it) appeared one spot in (I) stand

Hallgatóztam, hallok-e valamit a szívemben.
Listened hear-whether something the heart-my-in
(I listened) (whether I hear) [in my heart]

Forgatni akartam a lapátot, de nem ment; valaki fogta
To turn around (I) wanted the blade but not (it) went someone caught
(of the propeller)

a csuklóm.
the wrist-mine
[my wrist]

Makacskodtam, rángattam a kezem.
Insisted lugged at the hand-my
(I insisted) (I tugged at) [my hand]

59   A Pilóta

"Eressz   el,"   mondtam,   "és   rángattam,"   de   ő   nem
Let   away   (I) said   and   pulled   but   she   not
           (go)

hagyta:
allowed
(allowed it)

átnyúlt   a   vállam   fölött   és   a   másik   kezével   simogatta   a
across-reached the shoulder-my over   and   the   other   hand-with   stroked   the
           [over my shoulder]   [with the other   hand]   [my

kezem.
hand-mine
hand]

Langyos   arcát   odafektette   az   arcomhoz.
Lukewarm   face-her   there-put-let   the   face-my-with
[I let her put her   warm face   against mine   ]

Keblével   könnyedén   a   hátamra   dőlt.
Breast-her-with   lightly   the   back-my-to   leaned
(With her breasts)   [against my back]

Csak   most   láttam   meg   fekete   suhogó   ruháját.
Only   now   (I) caught sight of   black   rustling   dress-her
                               [her black   billowing   dress]

Nem   is   emlékeztem,   hogy   magammal   hoztam,   és   a
Not   also   remembered   that   myself-with   brought   and   the
                                   (with me)   (I brought her)   [behind

hátam   mögött   ült.
back-my   behind   sat
  my back sat   ]

"Mit   akarsz,   ereszd   el   a   kezem,"   mondtam   kedvetlenül,
What   want   let   away the   hand-my   said   spiritlessly
        (do you want)   [let go of my   hand   ]   (I said)   (half-heartedly)

mert   langyos   arca   kábított.
because   warm   face-your   dazed
        [your warm face dazes me   ]

"Mindjárt,"   nevetett,   "csak   megnézem,   így,   ahogy   a   sárga
Immediately   (she) laughed   only   (I) look   so   as   the   yellow

fogantyún   fekszik."
handle   lies

Milyen szép.   A   kezemre   néztem.   Halványnak,   hosszúnak
How   nice   The hand-mine-at   (I) looked   Pale-to   long-to
                 [At my hand]   (Pale)   (long)

és   szépnek   láttam.
and beautiful-to   I saw
     (beautiful)

"Ereszd   el,"   mondtam   fáradtan,   de   nem   rántottam   meg
Let   away   said   tired   but   not   pulled away
          (go)   (I said)

a   kezem.
the hand
[my hand]

"Hiszen   forgathatod,"   mondta,   "csak   hagyd,   hogy   rajta
Surely   (you) may turn around   said   only   allow   that   onto it
                                (she said)   [I leave my

hagyjam   a   kezem."
let   the hand-mine
   hand on it   ]

"Miért   vagy   oly   komor?"
Why   are   so   gloomy
          (are you)

"Repülni   akarok,"   mormogtam,   "és   nagyon   langyos   az
Fly   want   murmured   and   very   warm   the
            (I want)   (I murmured)   [your

arcod;   kábítasz,   kellemetlen."
face-your   dazes   pleasure-without
face]   (it dazes me)   (it's unpleasant)

Odaszorította   a   fejét.
Pressed close   the   head-her
(She pressed close) [her head]

"Hiszen   repülsz,"   mondta.   "Nézd,   mindjárt   repülünk..."
Sure   fly   said   Look   immediately   fly
(Go ahead)   (she said)   (we fly)

Most	előrecsavarta	a	nyakát,	és	barna	lobogással
Now	forward-bent	the	neck-her	and	dark	passion-with
	(she bent forward)	[her	neck]		[with dark	passion]

belelehelt	az	arcomba.
breathed air into	the	face-my-into
		[into my face]

Valami	parfüm	volt.
Some	perfume	was
		(there was)

"Te	szép,"	mondtam,	és	mosolyognom	kellett.
You	beautiful	said	and	smile	had to
(You are)		(I said)			

Eleresztette	a	kezem	és	durcásan	visszalendült.
Released	the	hand-mine	and	sulkily	back-swung
(She released)	[my	hand]			(swung back)

65   A Pilóta

"Nem,"   mondta,   "nem   tetszem   neked.   Miért   nem
No   said   not   like   you   Why   not
         (she said)   (I like)

énekelsz   nekem,   híres,   ha   madár   vagy?"
sing   to me   famous   if   bird   are
                                          (you are)

"Te   szép,"   mormogtam   énekelve   és   zavaros   szemekkel,
You   (are) beautiful   (I) murmured   singing   and   confused   eyes-with
                                                  [with confused   eyes]

tévetegen   nyúltam   az   arca   után...
hesitatingly   touched   the   face-her   after
             (I touched)   [her   face]

Egyszerre   az   ajkamra   tapadt.   "Eressz,"   fuldokoltam.
One-time-at   the   lip-my-to   (she) stuck   Let go   choked
(All at once)   [she   stuck to my lips   ]   (I choked)

"Nem,   nem,"   lihegte,   "te   híres,   te   madár.   Repülni
No   no   gasped   you   (are) famous you (are a) bird Fly
                  (she gasped)

fogsz...   akarom,   hogy   repülj...   velem..."
(you) shall (I) want   that   (you) fly   with me

"Repülök,"   hebegtem   fuldokolva.
(I) Fly   (I) stammered choking

"Repülünk,"   sikoltott.   "Fogd   át   a   nyakam..."
Fly   (she) screamed Hold   around the   neck-mine
(We fly)   [my   neck]

A   csavar   zakatolva   villant   el   szemeim   előtt.
The propeller rattling   flashed   away eyes-mine before
                                              [before my eyes   ]

A Pilóta

Akkor   nehéz   ízeket   éreztem   a   szájamban   és   egy   fülledt
Then   heavy   flavors felt   the mouth-my-in   and a   oppressive
                                   [in my mouth]

valcert,   ami   hasonlított   a   motor   forró   berregéséhez.
waltz   which   was like   the   engine   hot   zoom-with
                   (sounded like)   (engine's)   (zoom)

Majd   puha   szobát   láttam,   és   virágokat.
Then   soft   room   saw   and   flowers
                        (I saw)

Homályos   zugot   és   egy   csipkevánkost.
Dim   nook   and   a   lace pillow
(A dim)

Egy   pillanatra   anyám   arcát,   a   tükörből.
A   moment-onto   mother-my   face-her   the   mirror-from
[For a moment]   [my   mother's   face from the mirror]

A   szárnyak   háromszor   fordultak,   bukfencezve   libegtek.
The wings   three times   appeared   tumbling   dangled

A   hajó   pörgött   velem,   mint   az   orsó.
The vessel spun   with-me   as   the spindle
                     (with me)

"Most...   most   repülök!"   kiabáltam   bősz   diadallal,   és
Now   now   fly   (I) shouted   grim   triumph-with   and
                  (I fly)   [with grim   triumph]

csipkefelhőbe   fúltam.
silk-cloud-into (I) drowned
(into the silk clouds)

"Most,   most   szabad   vagyok!"
Now   now   free   (I) am

A Pilóta

De   karjai   torkomba   szorították   a   szót.
But   arm-her-s   throat-my-into   pressed   the   word
          (her arms) (into my throat) (choked)   (words)

Nehéz,   bús   felhők   repedtek   ketté   alattam.
Heavy   gloomy   clouds   cracked   in two   beneath me

Cikázva   rohant   fölfelé   az   elfeketülő   ég.
Flashing   ran   top-towards the blackened   sky

Egy   ásító   szakadék   bomlott   fel   és   félelmesen
A   yawning   gap   divided into   and   fearfully

nagyobbodott.
enlarged

"Ölelj!"   ordítottam   rá,   és   öklömmel   arcába   ütöttem.
Embrace   (I) yelled   at her   and   fist-with   face-her   (I) hit
(Put your arms around me)   (with a fist)   (her face)

Orra   sárgán   vigyorgott   rám,   amint   elszalasztott   öklöm
Nose-her   yellow   grinned   at me   as   missed   fist
(Her nose)

belefutott   pléhkoponyájába.
into-down-ran   tin-skull-her-into
(ran down into)   (her tin skull)

Le   akartam   fejteni   karjait,   de   vékonyak   és   szívósak
Down   wanted   untangle   arm-her-s   but   thin   and   hardy
(I wanted)   (her arms)

voltak;   húsz   vékony,   fekete   kar,   a   hajó   húsz   vékony,
were   twenty   thin   black   arm   the   vessel   twenty   thin
(they were)   (arms)

fekete   drótja,   derekam   köré   csavaródtak.
black   wire-its   waist-mine   around-it   twisted
(wire of it)   (my waist)   (around)

Lábamra	csavaródtak,	nyakamra	hurkolódtak;	az	egyik
Leg-mine-to	(they) twisted	neck-my-to	(they) twisted around	the	one
(To my legs)		(my neck)			

mellembe	törött.
chest-mine-into	broke
(into my chest)	

Lábai,	a	vaspántok,	két	lábamat	hurkolták	szorosra.
Legs-my	the	iron straps	two	leg-my	looped	tight-to
(My legs)				(legs of mine)		(around tight)

Izzó	gáz	süvített	elő.
Burning hot	gas	whizzed	forth

Aztán	egy	ideig	üresség	volt	és	mintha	sok	könny
Then	a	time-for	emptiness	was	and	as if	a lot of	book
		[for a while]						(books)

zuhogott	volna	valahonnan.
poured down	would have	somewhere

72   A Pilóta

Aztán csönd volt; egy sötét lyuk.
Then silence was a dark hole

Meddig tart még ez a csönd? Most hol vagyok?
How long holds still this silence Now where am
(am I)

Ilyen sűrű és fekete felhők közt még nem repültem...
Such thick and black clouds between yet not (I) flew

és miért nem hallom berregni a motort?
and why not (do I) hear buzz the engine

73   A Pilóta

És   hol   vannak   az   ünneplők   és   a   koszorúk?
And where are   the celebrations and the wreaths

És   hol   van   a   puha   és   langyos   arc   az   arcom   mellől?
And where is   the soft   and warm   face the face-my beside
                                                    [beside my face   ]

Jaj,   mi   tátong   itt   a   fejem   fölött?
Woe   what yawns   here the head-my over
                               [over my head   ]

Jaj,   miért   nem   hallom   berregni   a   motort?
Woe   why   not   (do I) hear buzz   the engine

74   A Pilóta

Így   szivárgott   a   velő   egy   széles   repedésen,   a
So   leaked   the   brain a   wide   crack   the
                                                               [from

megrepedt   koponyából;
broken   skull-from
the broken skull   ]

s   a   nyitva   maradt   szemek   felcsodálkoztak   az   égre.
and the   open   remained   eyes   up-wondered   the   heaven-toward
                                        [stared wondering towardsheaven   ]

Éjszakán   egy   csillag   szegte   át   az   eget.
At night   a   star   broke   through the   sky

Köröskörül   aludtak   a   sziklák.
All around   slept   the   rocks

75   A Pilóta

A	motor	tíz	méternyire,	egy	nehéz	kőbe	vágódva,
The	engine	ten	meter-about	a	heavy	stone-into	flinged being
		[about	ten meters away]	[having	been flung	into a large	rock]

összeroncsolva,	még	füstölgött.
together-shattered	still	fumed
(smashed to bits)		

A	szárny	egyik	vászoncafrangja	beleakadt	és	az	északi
The	wing	one	linen-fringe-its	into-down-jammed	and	the	north
[One	linen fringe of	the wing	]	(entangled)			

szél	mint	valami	zászlót	lobogtatta	a	roncsok	fölött.
wind	as	some kind of	flag	(it) waved	the	wrecks	over
					[over the wreck		]

Csak   ez   a   zászló   mozgott   az   éjszakában.
Only   this   flag   moved   the   night-in
                                            [in the night]

78   A Debreceni Csordás

A DEBRECENI CSORDÁS
The **Debrecen-from** Herdsman
(Debrecen)

Jávor	Miska	csámpásan	baktatott	a	csordája	után.
Jávor	Mishka	bowlegged	ambled	the	herd-his	after
					[afterhis herd	]

Az	állatok	sorba	kifordultak	a	kapukon	s	kinek	milyen
The	animals	row-in	spilled out	the	gates-through	and	to whom	which
		(in a row)			[through the gates]		[to whatever	]

a	természete,	aszerint	oszlott	be	a	csordába.
the	nature-its	accordingly	got arranged		the	herd-into
	[their nature]					[into the herd]

A	mester-utcai	tanítóék	tehene	nagyon	víg	volt,	ami
The	master	street-from	teacher's	cow-its	very	happy	was	which
	(main)	(street's)		(cow)			

nem	tetszett	Mihálynak	ilyen	jókor	reggel.
not	pleased	Mihály-to	such	good-time	(in the) morning
		(Mihály)	(so)	(early)	

"Az ördög táncoltasson meg a gazdáddal együtt!" kiáltott
The devil dances the master-your-with together (he) shouted
[with your master]

utána hetykén és hozzá sózta a nagy botot.
after it jauntily and at it salted the large stick
(whipped)

Nem volt ugyan semmi kár abból, hogy a Szőke
Not (there) was though no harm that-from how the Blonde
(however) (from)

sorra dörgölődik a többi tehenek közt, a gazdájával
row-to rubs against the other cows between the owner-its-with
(one by one) [with it's owner]

meg éppen semmi baja nem volt Miskának, mert az
moreover also neither trouble not was Mishka-to because the
Mishka-to
(to Mishka)

öreg tanító mindig első volt a csordásbér fizetésekor,
old teacher always first was the herdsman pay salary-its-time
(salary time)

de a lány előtt akarta mutatni a Jávor-fiú, hogy ki ő.
but the girl before wanted to show the Maple boy that out he
[he is outside]

A   lány   ránevetett   a   legényre   s   azt   mondta: "Majd
The   girl   laughed at   the   young man-at   and   that   said   Then
                                   (young man)

megtáncoltatom   én   magát,   csak   a   gazdámat   piszkolja."
dance   I   myself   only   the   master-mine   hates
                                                     [my master]   (hates it)

A   csordáslegény   ránézett   s   nem   szólt.   A   lány   vidáman
The   herder-youth   at-looked   and   not   talked   The   girl   cheerfully
                       (looked at her)

sarkonfordult   és   beszaladt   a   kapujukon.   Mikor   azt
turned around   and   into-ran   the   gate their through   When   it
                            (ran into)   [their   gate]

becsapta   maga   után,   Miska   csordás   előkapta   a
slammed   herself   behind   Mishka   (the) herdsman   before-got   the
                                                                (got out)   [his

tülöktrombitát   s   vígan   belefújt: "Tu-túúú!   Tu-tu-túúú!"
horn-bugle-his   and   merrily   blew   Ta   taaa   Ta   ta   taaa
horn]

A   hang   igen   szépen   rikoltott,   de   az   öreg   tanító
The   sound   very   nicely   squawked   but   the   old   teacher

mégsem   örült   neki.
yet not   was happy to it
                     (with it)

Megfordult   az   ágyban   odabent   az   ablakon   belől   s
Turning   the   bed-in   there-in   the   window-before into-forth and
               [in the bed]   (there inside) [before the window   ]

dohogva,   álmosan   szólt:
grumbling   sleepily   said

"Akasszanak   fel   a   nevednapján."
that I hang   the   name-your-day-its-on
                       [on   your name-day]

Nem   is   tudott   többet   elaludni,   csak   hallgatta   ingerülten
Not   also   could   more   sleep   only   hear   in exasperation

a   távolodó   tülkölést.
the   retreating   horn-sound-its
                     (sound of the horn)

83 A Debreceni Csordás

Miska egész **délelőtt** azon gondolkozott, hogy nem hiába
Miska all noon-before that-on thought that not vain-into
    (morning) (about it) (in vain)

nézte ő ki már régen ezt a lányt, de mégis nem
watched he out already since long this girl but nevertheless not
   (for)

utolsó **szívű** lány: nem hagyta a gazdáját szidni.
final hearted girl not let the owner-her scold
                          [her master]

Az urát se hagyná! ...
The lord-her not (her) shall allow
[Her lord]

Másnap reggel, ahogy a szép **szőke** tehén, fiatal
Next day morning as the nice blonde cow young
(The next)

jószág, megint kikarikázott a tanító nagy, zöld, boltozatos
cattle again out-trundled the teacher large green vaulted
            (trundled out) [throughthe teacher's large, green, vaulted gate

kapuján;
gate-his-through
  ]

85 A Debreceni Csordás

Miska azt kérdezte a lánytól: "Honnan is került maga
Miska this asked the girl-from From where also arrived yourself
 [from the girl] (did arrive)
Debrecenbe?"
Debrecen-into
(in Debrecen)

"Hogy tudja, hogy nem vagyok idevalósi?"
How know that not am from here
 (do you know) (I am)

"Éles a szemem. Értek én a jószághoz."
Sharp the eye-mine Understand I the cattle-with
[My eyes are sharp] [I know all about cattle]

"Majd értek én is a... Szabolcsmegyei lány vagyok én."
Then understand I also that Szabolcsmegye-from girl am I
[So I get that's also what I am...] [I'm a girl from Szabolcsmegy]

"De fel van. Én meg debreceni csordás vagyok!"
But up is I well Debrecen-from herdsman am
 (here) (you are) [And I] (Debrecen)

"Meghiszem."
Believe
(I got that)

"Pedig	a	csordásnak	nem	utolsó,	mert	annak	mindig
Moreover	the	herdsman-to (herdsman)	not (is not)	last	because	that-to (to him)	(it's) always

jó."
good

"A	pásztornak	csak	nappal,	mikor	a	jószág	mellett
The	herdsman	only	day-with (at daytime)	when	the	cattle	next to

hever;	a	civisnek	csak	éjszaka,	mikor	az	asszony
idles	the	civil servant-to	only	at night	when	the	Mrs

mellett   melegszik."
next   warms

"De	a	csordásnak	éjjel-nappal	jól	megy	dolga."
But	the	herdsman-to	night-with-day-with (day and night)	well	goes	to work

87   A Debreceni Csordás

"Hát   még   a   debreceni   csordásnak,   mert   a   kedve
Well   still   the   debrecen-from   herdsman-to   as   the   fancy of him
                               (debrecen)   (herdsman)

szerint   tülköli fel   az   urakat!"
like   trumpets up   the   lords
                     (awake)

Tréfásan   kacsintott   hozzá   és   otthagyta   a   lányt.
Jokingly   (she) winked to him   and   (him) left   the   girl

Ez   utána   nézet   egy   kicsit,   aztán   egyet   perdült   s
This   after   (he) views a   bit   that after   one   spun   and
                                                               (once)

beszaladt   a   kapun.
into ran   the   port-through

Jávor   Miska   kapta   a   tülökjét,   s   visszatrombitált   neki.
Maple   Miska   retrieved   the   horn-his   and   back trumpeted   to her
                                        [his   horn]

A   tülök   szava   ép   a   tanító   ablakának   vágott   s
The   horn   word-its   intact (through) the teacher window-his-to   cut   and
[the   horn's voice]   (teacher's)   (window)

kegyetlenül   megreszkettette   az   üvegtáblákat.
kindlessly   made tremble   the   glass table
(brutally)

"Tu-tú!   Tu-tu-tu-túúú!"
Ta ta   Ta ta ta Taaa

A   tanító,   aki   tegnap   egész   nap   mérges   volt   s   az
The   teacher   who   yesterday   all   day   angry   was   and   the

egész   iskolát   megpüfölgette,   amért   reggel   nem   tudott
whole   school-his   pummeled   that because   morning   not   could
         (school of him)   (terrorized)

aludni,   ijedten   ült   fel   az   ágyában.
sleep   alarmed   sat   up   the   bed-his-in
                                    [in his   bed]

"Ó a pokol fattya! Az Isten némítsa meg a tülködet."
Oh the devil bastard-his The God mute the horn-your
(his bastard) () [your horn]

Jávor Miska csak annál vígabban fújta, ebbe öntötte
Maple Miska only that-with happiness blew that-into poured
[infused

bele minden örömét, hogy olyan jól megmondta a
into-down all joy-his that so well told the
] [to the

lánynak, amit akart.
girl-to what (he) wanted
girl]

Harmadik reggel még nem volt kint a lány az utcán,
(The) Third morning still not was out the girl the street-on
[on the street]

mire ő a kapu elébe ért.
what-for he the gate front-its-into arrived
(because of which) (in front of)

Nosza,	kapta	magát	s	hatalmas	jóreggelt	fújt	ki	neki.
Cheerily	got	himself	and	huge	good morning	blew	out	to her

Csakugyan	jött	is	a	lány.
Indeed	came	also	the	girl

Eltalálta,	hogy	neki	szólt	a	nóta,	mert	igen	nevetett.
(She it) Hit upon	that	to her	spoke	the	(popular) song	because	very much	laughed
(She guessed right)								

"Na,	mit	szól	a	tülkömhöz?"	mondta	neki	Miska.
Well	what	speaks	the	horn-my-with	said	to her	Miska
				[my horn]			

"Magam	csináltam	a	suta	bika	szarvából."
Myself	made	the	awkward	bull	horn-his-from
	(I made it)				('s horns from)

A   lány   nevetett.
The girl   laughed

"Jól   szól,   de   jár   ide   egy   huszár,   annak   réztrombitája
Good saying but goes here a   knight   that-to   copper-bugle-his
                                              [he has a   copper bugle

van, mikor   erre   mennek,   úgy fújja, mint az   égzengés."
is   when   that for (they) go so   blow   as   the thunder
]

Jávor Miska   csendesen   megpederte   a   bajszát   s   csak
Maple Miska   quietly   twisted   the moustache   and only

annyit   mondott, hogy:
this much   said   that
                      (as)

"Hm."
Hm

Azzal — a — lány — is — bement, — ő — meg — csak — belefújt — a
That-with (the) girl (also) in-went (he) (also) only into-down-blew (the)
(With that) — — — — — — — (blew) [into

szaruba, — mint — aki — nem — hagyja — cserben — hűséges — jószágát.
horn-into (so) as who not left bark-on faithful good-his
the horn] — — — — (in the cold) — (his cattle)

Ez — való — a — csordához, — nem — a — trombita.
This (is) true the herd-with not the bugle
— — (for the herd)

Őszel — trombitás — volt — ő — a — bakáéknál, — még — lopott — is
In autumn trumpeteer was he the infantry-its-adornment-with still stole also
(In the autumn) — — — — (in the uniform of the infantry)

magának — egy — jó — trombitát, — de — hát — azzal — nem — kísérheti
himself for a good bugle but well that-with not may accompany
— — — — — — (with that)

a — marhát, — mert — nem — ért — az — abból.
the cattle because not understands from that
— — — — (from the trumpet)

94   A Debreceni Csordás

Hát   csak   hadd   szóljon   a   régi   nóta:
Well   just   let   speak   the old   songs

"Tu-túú!   Tu-tu-rutú!"
Ta taa   Ta ta rata

De   már   akkor   nyilt   az   ablak   s   az   öreg   tanító   rövidre
But already then   opened the window and the old   teacher short

nyírt   kerek   feje   bújt   ki   rajta.
cropped round   head   creeping out to-it
                                    (through it)

"Hogy   az   ördög   tutújja   meg   a   lelkedet,   te   cudar   te!"
That   the devil   toots   the soul-your   you villain you

"Elmenj   az   ablakom   alól   azzal   az   átkozott   tülköddel,
Go   the   window-my   from beneath with that   damn   horn-your-with
[Get out from   beneath my window   ]   [with that   accursed horn of yours]

mert   darabontokkal   vitetlek   be   a   város   tömlöcébe."
because   pieces-with   take-let-I   into   the   city   dungeon-into
           (in pieces)   (I let them take you)   (dungeon)

Azzal   már   be   is   csapta   az   ablakot.
That-with   already   into   also   clapped   the   windows
(With that)   (to the inside)

Jávor   Miskának   még   a   szava   is   elállt   a   méregtől.
Maple   Miská-to   still   the   speech   also   stopped   the   rage-from
                     [even   speech   ]   (failed)   [from rage]

Hogy őt, a kiszolgált katonát s a debreceni csordást
That him the retired soldier and the Debrecen-from herdsman

egy rongyos tanitó, amilyen hatvanhárom van a
a wretched teacher which sixty-three is the

nemzetes városban, így meri lerondítani!
honourable city-in so (him) dares to down-mess
(to degrade)

"No megállj, rektor! Ha kevés a tülökszaru, holnap
No stop rector If insufficient the horn-horn tomorrow
(horn)

elhozom a réztrombitát... Legalább az a jány is hadd
(I) bring the copper bugle At least that girl also let
(dialect)

tudja meg, ki vagyok."
know out (ik) ben

Mindjárt el is szalajtotta érte a kisbojtárt s egész nap
Immediately away also went running for it the shepherd boy and whole day
(to get the trumpet)

azt fényesítgette és gyakorolta a mezőn.
that polished and practiced the meadow on
[on the meadow]

Közben pedig folyton azon járt az esze, hogy nagyon
Meanwhile however incessantly thereat went the mind-his that very
(wandered)

derék lány lehet az a lány, hogy egy ilyen gazdát
fine girl may be that girl that a such master-her

sem hagyott volt szidni!
not left was to scold

Másnap reggel büszkén lépkedett végig a Mester-utcán.
(The) Next day morning proudly (he) walked through the Master street-on
(Main)

Mikor a tanító kapujához közeledett, a lány már kint
When the teacher gate-his-with approached the girl already in

állt a szép szőke tehénnel; ez biztosan megint bika
stood the nice blonde cow-with this surely again bull

után bogárzik!
after pranced

"Hát   hogy   vagyunk?"   kérdezte   Miska   a   lánytól.
Well   how   are   asked   Miska   the   girl from
                (are we)

"Lehetősen!"   felelt   ez   rá   másvidéki   szóval.
Possible   replied   this   to him   other rural   word with

"Hanem   azért   hogy   maga   szabolcsmegyei   lány,"   mondta
If not   therefore   that   yourself   Szabólcsmegye from   girl   said
           (for that reason)   (you are)   (a Szabólcsmegy)

Jávor   Miska,   "én   meg   debreceni   csordás   vagyok!
Maple   Miska   I   moreover   Debrecen from   herdsman   am

Igaz-e?"
True   this
[isn't   it]

"Aszongyák."
Say
(Azt mondják; So they say)

"No	hát	meg	is	mutatom,	ha	aszongyák."
Well	then	()	also	(I) present	if	(so they) say
		[I present		]		

Kacsintott,	nevetett	s	elővette	a	felkötött	szűre	alól	a
(He) Winked	laughed	and	before took	the	fastened	cloak	from underthe	
						(shepherds cloak)		

réztrombitát,	amelyik	szebb	volt	mint	az	arany.
copper trumpet	which	more beautiful was		than	the	gold

Azzal	az	ámuldozó	lány	szemeláttára	a	szájához
By	the	wondering	girl	front of-her-to	the	mouth-his-with
						[to his mouth]

illesztette	s	olyan	riadó	marsot	fújt	ki	rajta,	hogy	majd
join-let	and	such	alert call	march	blew	out	to-her	that	then
(placed)							(to her)		

megrepedt	a	lány	füle	tőle.
split		the	girl	ear-her	from it
			(ears of her)	

De	nyílt	az	ablak.
But	opened	the	window

A	tanító	úr	kinézett.
The	teacher	master	out looked

"Jöjjön   csak   barátom   közelebb.   Ezt   már   szeretem!   A
Come   only   friend-my   closer   This   already   love   The
(my friend)   (I love)

trombitát.   Ez   igen   kedves   hangszerem,   különösen   ilyen
trumpet   This   very   nice   instrument-mine   especially   (on) such
(instrument of mine)

jókor   reggel.   Fogja,   itt   egy   pohár   szilvórium   érte."
(an) early   morning   Take   here   a   glass   (of) plum brandy   for you

Miska   egy   percig   sem   csodálkozott   ezen.
Miska   a   minute   not   wondered   this-on
(on this)

Elvette   a   poharat   és   lehajtotta   a   finom   szilvapálinkát.
Took   the   cup   and   down gulped   the   fine   plum brandy
(He took)

"Hanem barátom," szólt jámboran Boros bácsi a tanitó,
If not — friend mine — said — pious — (the) Wine — uncle — the — teacher
(But) (friend of mine)

"innen nem hallom jól, mert a fél fülemre süket
from — not — hear — well — because — the — half — ear my — (is) deaf
(one) (of my ears)

vagyok, és éppen itt van az ágyam! Hát álljon oda
am — and — just — here — is — the — bed-mine — Well — stand — there
(bed of mine)

a sarokra, szembe, akkor hallatszik be jól nekem. Hát
(on) the corner-to — opposite — then — (it) is audible — into — well — to me — Well
(corner) ()

fújja el még egyszer!"
blow — away — still — one time

Miska borzasztóan büszke volt.
Miska — awful — proud — was

Odaállt a szemközti sarokra s egy fertályóráig fújta a
there-stood (on) the opposite corner-onto and a quarter of an hour blew the
(he planted himself) (corner)

sorakozót, meg a takarodót, meg még nótát is, a
lining plus the curfew plus even more songs also the

kőrösi lányt.
Koros-from girl
(Koros)

Az öreg úr szemmel látható gyönyörűséggel hallgatta s
The old gentleman eye-with visible pleasure-with listened and
(with to the eyes) (pleasure)

mikor behúzódott, ezt dünnyögte a szakállába.
when (he) retreated this muttered the beard-into

"Megállj, nem soká lesz kedved itt trombitálni a
Hold on not long (you) will be mood-your this to trumpet the
(your fancy) [into

fülembe."
ear-my-in
my ears]

Másnap   reggel   újra   elhozta   Miska   a   trombitát.
Next day   morning   anew   brought   Miska   the   trumpet

Kissé   csodálkozott   rajta,   hogy   a   tanító   nem   siet   a
Slightly   wondered   to-it   that   the   teacher   not   hurried   the

pálinkával.
brandy with

Mikor   jól   kiharsogta   vele   magát,   végre   nyílt   az   ablak
When   well   out-clanged   with it   himself   finally   opened   the   windows

s   az   öreg   úr   véres   szemmel   intett   neki.
and   the   old   gentleman   bloodshot   eye-with   waved   to him
                              [with   bloodshot eyes]

"Ez   a   magáé,   ez   a   pohár   pálinka.   Ej,   be   szeretem   a
This   your own   this   glass   brandy   Hey   in love am   the

trombitaszót,"   mondta   neki   álnokul,   látva,   hogy   már   most
trumpet sound   (he) said   to him   treacherously   seeing   that   already   now

is   sértve   érzi   magát   a   legény,   mert   későn   kapta   s
also   offended   feels   himself   the   young man   because   late   (it) received   and

mert   hitványabbnak   érezte   az   italt.
because   cheaper-to   felt   the   drink

De   azért   Miska   sokszor   gondolt   rá,   hogy   nem   csoda,
But   that-from   Miska   many times   thought   to-it   how   not   wonder
                                                   (about it)

ha   az   a   lány   nem   hagyta   szidni   a   gazdáját,   derék
if   that   girl   not   let   scold   the   master-her   fine

ember   az!
people   that

Vigasztalta   magát   ezzel, a reggeli   rossz   érzésért.
Consoled   himself   morning   bad   (he) felt

De	harmadik	reggel	nagy	bosszúság	érte.
But	third	morning	large	revenge	achieved

Hiába	trombitálta	tele	a	világot,	kétszer-háromszor	is
Vain-in	trumpetted	fully	the	light	twice times	also
				(waking alert)		

elfújta	a	riadót,	a	sorakozót,	nem	nyílt	meg	az	ablak.
blowing	the	alarm	the	lining	not	opened		the	window

Miska	utoljára	elunta	a	várakozást.
Miska	last-its-to	got bored with	the	waiting
	(at last)			

"Hát	lesz	valami,	vagy	nem?"	mondta	s	közvetlen	az
Well	(there) will be something	or	not	(he) said	and	space-without	the
							(direct)	

ablak	alá	állva,	beletrombitált,	hogy	reszketett	az
window	below	standing	into-down-trumpetted	that	shook	the

üvegtábla.
glass table

Úgy   tetszett   neki,   mintha   az   öreg   tanító   bent   állna   s
So   pleased   to him   as if   the   old   teacher   in there would stand and

figyelne.
would watch
(would be watching)

"Ejha!"   kiáltott   fel,   "Potyára?   Majd   ingyen   fújom   neked
Well   (he) shouted up   for nothing Then   free   (I) play for you

itt   a   trombitát."
here   (is) the your trumpet

Közé   vágta   a   botját   a   szőke   tehénnek   s   elment   a
Between   hit   the his stick the blonde   cow-to   and went away the
                   [his stick]   (away-went)
csordával.
herd-with

A   lány   ott   várta   másnap   reggel   s   szólt: "Mi   lesz   a
The   girl   there   waited   next day   morning   and said   What   (it) will be the
                                                                                    [with
trombitával?"
trumpet-with
the trumpet]

"Haggyon nekem békét egy szabolcsmegyei lány: aki az
Leave to me peace a Szabolcsmegye from lass who the
(me) (in peace) ()

ilyen aljas fösvény álnok rektornak pártjára tud állani!"
such mean miserly false rector-to party-his-to can stand

A lány elbámult.
The girl stared

"Hej pedig! Pedig kár volt velem kikezdeni."
Hey however Well pity (it) was with me to mess

"Mert   nem   tudják   azt   Szabolcsban,   mi   a   debreceni
Because   not   (they) know   it   Szabolcs-in   what   the   Debrecen-of
                                        (in Szabolcs)   (what are made of)

csordás! ..."
herdsman

S   Jávor   Miska   megjegyezte:
And   Maple   Miska   added

"Mert   ha   a   debreceni   püspök   is   valaki!   meg   a
Because   if   the   Debrecen-of   bishop   also   (is) someone   and   the

debreceni   kántor!   hát   még   a   debreceni   csordás! ..."
Debrecen-of   cantor   then   still   the   Debrecen of   herdsman
                (leader of the psalmodáven)

Azután   mormogott   "Hanem   hát   persze   hogy   annak
Thereafter   muttered   But   then   of course   that   for that
                        (If-not)

magán   lefújtak!   De   le   bizony.   Le   annak!"
itself-on   called off   But   off   for sure   Off   for that
(alone)   (they would call it off)

Magán   tudniillik   annak,   hogy   debreceni   csordásné   legyen
By itself   that is to say   about it   that   Debrecen-of   herdsman-on-its   would be
                                                              (herdsman)   (would have)

egy   szabolcsmegyei   lányból...
a   Szabolcs county from   girl-from

S   Jávor   Miska   ott   hagyta   a   lányt   is,   a   gazdáját   is,
And   Maple   Miska   there   left   the   girl   also   the   master-her   also
                                                              [her   master]

még   egy   tülkölésre   se   méltatta   őket,   csak   a   tizedik
even   a   horn-sound-to   not   commended   them   only   the   tenth

háznál   fújt   bele   dühösen   a   suta   bika   szarvából   csinált
house-by   blew   into   angrily   the   awkward   bull   horn-its-from   made

tülökbe,   hogy:
horn-into   that

"Tu-túúú!   Tu-tu-tu-túúú!"
Ta   taaa   Ta   ta   ta   taaa

AZ ELÉGTÉTEL.
The   Satisfaction

I.

Huber	úr	vasárnap	**délelőtt**	sétálni	vitte	a	gyermekeit:
Huber	Mr.	Sunday	morning	to walk	took	the	children
[Mr. Huber]							

Pápaszemes,	vézna,	komoly	kis	fiát	-	egy	összeaszott
Bespectacled	thin	serious	little	son of him		a	shrunken
(Glasses wearing)							

öreg	legénykét	-	és	tíz	**esztendős**	nyurga	leánykáját,	a
old	little chap		and	ten	years old	lanky	daughter-little-his	the
							(little daughter of him)	

ki	olyan	**érdeklődéssel**	**nézelődött**	az	utcán,	mintha
who	such	interest with	looked around	the	street on	as if

bizony	rá	is	tartozná	ez	a	szép	világ.
for sure	to her	also	(it) would belong	this		nice	world

Szegényke,   még   nem   tudta,   hogy   semmi   köze   a   föld
Poor-little   still   not   knew   that   no   space of   the   earth
(The poor little one)

kéjeihez,   s   hogy   a   napsugárt,   és   a   víg   zenét,   a
(is) with joys   and   how   the   sunbeams   and   the   merry   music   the

holdvilágos   éjeket   a   Como   partján   s   a   velencei
moonlit   nights   the   Como   shore-its-on   and   the   Venetian
                        [on   lake   Como's shore]

szerenádokat,   a   bálokat   és   a   harangzúgásos   szerelmet,
serenades   the   balls   and   the   peal chimed   love

a   patakzó   gyémántot,   a   pezsgő   gyöngyöző   nedűjét,   s   a
the   flowing   diamond   the   champagne   sparkling   wine-its   and   the
                        (s)   [the sparkling   champagne-wine   ]

libegő,   suhogó,   varázslatos   selyemruhákat   nem   az   ő
lifted   rustling   enchanting   silk dresses   (are) not   that   she

számára   találták   fel.
for herself   contrived

Fogalma   se   volt   róla,   hogy   a   papája   azok   közé   az
Notion   not   was   of it   that   the   daddy-her   those   between   the
[She   didn't   have a   notion of the fact]   (daddy of her)

alsóbbrendű   állatok   közé   tartozik,   akiket   erkölcsi
inferior   animals   between   belongs to   those whom   morally
                                [whom the   world calls

halottaknak   nevez   a   világ.
for dead people   call   the   world
morally bankrupt   ]

S hogy következésképpen őrá is csöndes, nagyon
And that therefore to him also (a) quiet (a) very
(he leads)

csöndes élet, nagy meghúzódás és mostoha szerencse,
quiet life very much hidden and cruel fate

sok lemondás, és még több megaláztatás vár.
a lot renouncing and even more humiliating wait

Száraz, hideg januári nap volt, s amerre mentek,
Dry cool January day (it) was and the way which (they) went

keményre fagyott hó csikorgott a lábuk alatt. Az öreg
hard frozen snow crunched the feet-their under The old
(feet of them)

legényke apró léptekkel baktatott előbbre, s szomorúan
little lad small strides-with ambled further and sad
[with small strides]

nézte a csillogó jégszemektől fehérlő utat, mintha érezte
watched the shiny hailstones-from glistening path like (he) felt
(from hailstones) (white showing)

volna, hogy minden lépése egy igen-igen komor helyhez
would that all step-his a very very gloomy place-by
(his steps) (place)

viszi közelebb.
takes closer
(him take)

A	leányka	folyvást	csipogott,	mint	egy	sárga	szájú	kis
The	little girl	continually	squeeked	as	a	yellow	mouthed (beaked)	little

veréb,	s	Huber	úr	elmélázott.
sparrow	and	Huber [Mr . Huber	Mr .]	pondered

"Vince	nyolc	éves,	Malvinka	már	tíz"	tűnődött	magában.
Vince	eight	Years	Malvinka	already	ten	(he) wondered	himself-in (in himself)

"Nemsokára	meg	fognak	tudni	mindent..."
Soon (Not-long-its-for)	( )	(they) shall	know	all

De	egy	kellemes	látvány	felverte	álmodozásából.
But	a	pleasing	sight	roused	reverie-his-from (him from his reverie)

"Vince,	Malvinka,"	figyelmeztette	gyermekeit,	"amott	jön
Vince	Malvinka	(he) warned	children-his (his children)	yonder	comes

Bórenbukk	báró,	a	méltóságos	úr."
Bórenbukk [baron Bórenbukk	Baron]	the	honorable	gentleman

'Szépen   köszönjetek   neki,   mint   jól   nevelt   gyermekekhez
Nicely   say hello   to him   as   well   bred   children

llik."
pefits

Csakugyan,   egy   víziló   formájú   emberi   lény   jött   velük
Indeed   a   hippo   formed   human   being   came   them

szembe,   csodás   télibundában.
face-into   wonderful   winter-fur-coat-in
(opposite) [in a wonderful winter fur coat]

Nagyokat   fújt,   s   látszott   rajta,   hogy   igen   haragszik   az
Greatly   (he) panted and   seemed   about him   that   very   mad is   the

asztmára,   mely   földhöz   vágja   még   őt   is,   húsz   milliónyi
asthma-onto which   ground-with cuts   still   him   also   twenty   million-in
                      [knocks down]   [even him   ]

vagyon   hatalmas   urát.
assets   huge   lord

A   pénzes-zsák,   nehézkes   léptekkel   bár,   egyre   közeledett.
The   money   bag   ponderous   steps-with   notwithstandingcontinually approached

Mikor   már   csak   néhány   lépésre   voltak   tőle,   Vince
When   already only   a few   step-to   were   from him   Vince

levette   a   kalapkáját,   Malvinka   bókolt,   s   Huber   úr   mély
removed   the   hat-his   Malvinka   complimented and Huber   Mr.   deep
                                                        [Mr. Huber   ]
tisztelettel   köszönt   a   földesúrnak:
respect-with   greeted   the   landlord
                                (landowner)

"Alázatos   szolgája,   méltóságos   uram!"
Humble   servant-your   honorable   lord-mine
[I'm   your humble servant]   (lord of mine)

Bórenbukk   báró   leereszkedéssel   fogadta   a   társas
Bórenbukk   Baron   condescension-with   received   the   sociable
            (with condescension)
üdvözlést   s   megmozdította   a   kalapját.
greeting   and   moved   the   hat-his
                              (hat of his)

Nem   szólt,   de   nézéséből,   a   mely   szomorú   volt,   mint
Not   spoke   but   gaze from   the   which   sad   was   as

egy   beteg   tehéné,   határozott   jóakarat   volt   olvasható.
a   sick   cow-his   strongminded   goodwill   was   readable

Aztán   továbbment.
Then   further went

Huber   úron   valami   édes   melegség   futott   végig.
Huber   Mr.-through some   sweet   warmth   ran   all through
                                          (spread)

121 Az Elégtétel

Íme Bórenbukk báró, a ki a legnagyobb úr az egész
Behold Bórenbukk Baron the who the greatest lord the whole

megyében, megint nyájasan, sőt határozott szivességgel
county-in again amiably even firm cordiality-with

fogadta és viszonozta az ő szerény köszöntését!
received and returned the he modest salutation
                  (his)

Pedig nem lehetetlen, hogy Bórenbukk báró, a ki
Well not impossible that Bórenbukk Baron the who

azelőtt mindenütt megfordult, annak idején hallott az ő
before all frequented it to at the time heard the he
                         (to him)   (his)

ügyéről...
case-his-from

És Bórenbukk báró mégis visszaköszön neki, századszor,
And Bórenbukk Baron nevertheless back-saluted to him hundred time
                                         (s)

újra, mindig.
anew always
(new-onto)

Tehát   ismét   megvolt   a   vasárnapi   öröme.
Thus   again   was   the Sunday-of   joy

Mert   voltaképpen   azért   andalogtak   erre   minden   vasárnap
Because in fact   therefore strolled   this-to every   Sunday
                                           (in this direction)

délelőtt,   hogy   módjában   legyen   Bórenbukk   bárót
morning   to   position-his-in be   Bórenbukk   Baron

egészségügyi   sétáján   üdvözölnie.
hygienic   stroll-his   to greet
(health)

s   hogy   aztán   az   új   találkozóra   várva,   erre   a   kegyes
and to   then   the   new   meeting   to await   for   the   amiable

kalapemelintésre   gondoljon   szüntelen,   a   jövő   vasárnapig...
hat-raise-wave-to   think   stop-without   the   coming   Sunday-by
                                  (incessantly)

Bórenbukk	báróról	sok	rosszat	beszéltek.
Bórenbukk	baron-about	lot	evil	(they) spoke

Hogy	katonák	élelmezéséből	gazdagodott	meg,	s	hogy
That	soldiers	food from	enriched		and	that

ahol	Bórenbukk	báró	volt	a	vállalkozó,	ott	nyomban
where	Bórenbukk	Baron	was	the	contractor	there	press-in
							(immediately)

kiütött	a	tífusz.
out-struck	the	typhoid

Huber	úr	azonban	nem	hitte	el	ezeket	a	meséket.
Huber	Mr .	however	not	believed		these		tales

Hogy	ez	a	jólelkű,	nyájas	ember	szegény	katonák
That	this		good-natured	affable	man	(from) poor	soldiers

zsírján	hízott	volna	ily	kövérre! ...	Micsoda	rágalom!
at-his-on	grew	would	so	corpulent	What	slander
fat of theirs)	[would grow]					

Meg	volt	írva,	hogy	ezen	a	vasárnapon	a	szokott
)	was	written	that	this		Sunday-on	the	accustomed
Was	written	]				(Sunday)		

öröme	ne	legyen	teljes.
oy	not	possible	fulfill

Már	hazafelé	tartottak,	amikor	a	vasúthoz	vezető	utcából
Already	homewards	kept	when	the	railway-to	leading	street-from

hirtelen	előbukkant	a	szolgabíró	alakja.
news-without	before-alighted	the	sheriff	shape-his
(suddenly)	(emerged)			

Huber   úr   hirtelen   félrenézett;
Huber   Mr.   suddenly   aside-looked

fakó   arcán   könnyű   pirosság   futott   végig.
pale   faced   light   reddish   ran   to the end

A   szolgabíró   fütyörészve   haladt   el   mellette,   s   Huber   úr
The   sheriff   whistling   passed   by   and   Huber   Mr.

lehorgasztotta   a   fejét.
hung   the   head-his
(head of him)

Már   vagy   öt   éve   nem   köszöntek   egymásnak.
Already   is   five   year-of   not   (they) greet   one-other-to
(eachother)

A szolgabíró egyszer fenn járt Pesten, s amikor onnan
The sheriff once up was in Pest and when from there
(Pest-on)

visszatért, Huber úrnak úgy rémlett, hogy nem akarja
returned Huber Mr-to so (it) seemed that not (he) wanted

meglátni az ő szerény köszöntését.
to see the he modest salutation-his
() (his)

Bizonyosan hallott valamit odafönn; ámbár ki foglalkoznék
Surely heard something up there although who were occupied

még ma is az ő szerencsétlen ügyével? !...
still today also the he unhappy case-his-with
[with his unfortunate case]

Lehet különben, hogy csak véletlen volt az egész.
(Is it) Possible moreover that only chance was the whole
(guess-without)

Talán:	eleinte	nem	vette	észre	Huber	urat,	s	később
Maybe	at first	not	took	sense-to (notice)	Huber	Mr .	and	later

nem	sokat	törődött	vele.
not	a lot	concerned	with it

De	Huber	úr	azóta	nem	mert	köszönni	s	többé	nem
But	Huber	Mr .	since then	not	dared	to greet	and	anymore	not

látták	meg	egymást.
looked at		eachother

Mikor	hazaértek,	a	meleg	szobába,	a	kis	fiú	köhögni
When	home reached	the	hot	room-in	the	small	boy	to cough

kezdett.
started

Huber	úr	nem	hallotta	ezt	a	rekedt	köhögést;
Huber	Mr .	not	heard	this		trapped	cough

elgondolkozott:
(he) thought

"Vince   nyolcz   éves,   Malvinka   már   tíz."
Vince   eight   years   Malvinka   already   ten

"Nemsokára   meg   fognak   tudni   mindent."
Not-long-its-for   ()   will   know   all
(Soon)

II.

Huber	úrral	az	történt,	hogy	ide	s	tova	húsz	évvel
Huber	Mr.-to	it	occurred	that	to	and	fro (about)	twenty	year-with (years)

ezelőtt,	elveszett	a	kezén	egy	pénzes	levél.
that-before (ago)	(he) lost	the ()	hand-his-froma (by his own doing)		money	letter

Huber	úr	akkor	a	mozgópostánál	volt.
Huber	Mr.	then	the	travelling post office with	was

Egy	örökre	emlékezetes	éjszakán	tizennyolc	pénzes
A	ever-for (forever)	memorable	night	eighteen	money

levelet	vett	át	s	másnap	reggel	csak	tizenhéttel	tudott
letter (letters)	took [received]	over	and	(the) next day	morning	only	seventeen	could

elszámolni.
account for

Az,	amelyikben	a	legtöbb	pénz	volt,	eltűnt	szőrén-szálán.
That	which in	the	most	money	was	disappeared hair-by	thread-by
						[was	irretrievably lost]

Mikor	vallatóra	fogták,	azzal	védekezett,	hogy	tévedésnek
When	examining-to	caught	this with	excused himself	that	mistake-by

kell	lennie	a	dologban.
must	be	the	thing-in

Igaz,	hogy	tizennyolc	levelet	ismert	el,	de	valósággal
True	that	eighteen	letter	acknowledged		but	truth-with
			(letters)				(in reality)

csak	tizenhetet	vett	át.
only	seventeen	took	over

Mikor	újra	megolvasta	a	leveleket,	már	csak	tizenhetet
When	again	read	the	letters	already	only	seventeen
					[only	]	

talált;
found

s	akárhányszor	olvasta	meg,	mindig	csak	tizenhét	volt.
and	any number of times	(he) counted		always	only	seventeen	was
							(there were)

Az	átadó	vállat	vont.
The	bearer	shoulder	hauled up
		[shrugged	]

Ő	mind	a	tizennyolc	levelet	ott	hagyta	a	Huber	úr
He	all	the	eighteen	letter	there	left	the	Huber	Mr .
				(letters)			[on	the table of	Mr .

asztalán.
table-on
Huber]

Huber   úr   érezte,   hogy   el   van   veszve.
Huber   Mr.   felt   that   away   is   taken
                        [it is   stolen   ]

Ő,   titokban,   ezt   a   másikat   gyanúsította;   a   másik   őt.
He   secret-in   (of) this   the   others   suspected   the   others   him
   (in secret)

A   látszat   Huber   ellen   volt.
The   appearance   Huber   against   was

Hosszan   húzódó   vizsgálat   után   kimondták,   hogy   a
Long   dragging on   investigation   after   out-spoke   that   the
                             (they specified)   ()

tolvajlást   nem   lehet   megállapítani;
theft   not   possible   to establish

Huber   urat   azonban   szélnek   eresztették.
Huber   Mr .   however   wind-to   (they) let go
                            [they fired him]

Nem   maradt   meg   az   első   gondolata   mellett;   nem   lőtte
Not   remained   the   first   thought   by   not   shot
(he lingered)   (on)

agyon   magát.
brain-through himself
through the brain)

Mikor   ártatlan! ...
When   wrong-without
(innocent)

S   eleinte   azt   képzelte,   hogy   szemébe   fog   nézni   az
And   at first   this   imagined   that   eyes-in   will   to look   the
                                          (in the eyes)   (will be able)

embereknek.
people-to
people)

De   ez   nehéz   munka   volt;
But   this difficult job   was

assanként   belefáradt.
slowly   (he) tired

Volt   egy   pár   jó   embere,   aki   úgy   tett,   mintha   nem
Was   a   few   good   man   who   so   did   like   not
(There were)   (people)   (acted)

szégyelné   a   vele   való   ismeretséget,   de   észrevette,   hogy
ashamed   the   with-him   being   acquaintance   but   noticed   that

voltaképp   ezeknek   is   nagyon   terhére   van.
as a matter of fact these-to   too   very much   (a) nuisance-on is
                                                                     (are)

Hová   bujjon   el?
Where-to   hide   away
(Where   could he   hide?]

Egy   darabig   azt   hitte,   hogy   erre   a   célra   a   nagyváros
A   while   that   (he) thought   that   for that   goal-to   the   great-city
                                                                (goal)   (capital)

a   legalkalmasabb.
the   most suited
(was)

De   a   váratlan   találkozások,   néptelen   mellékutcákban,   ahol
But   the   await-without   encounters   people-without   side-streets-in   where
        (unexpected)   (in empty)   (side streets)

ismerősöknek   oly   bajos   egymást   kikerülniük,   elűzték   a
acquaintances-to   so   troublesome   one another   avoid   away-chased   the
(acquaintances)   [chased him away from

központból.
center-from
the center]

Végre   -   lassanként   felejteni   kezdték   az   ügyét   -
Finally   slowly   forget   (they) started   the   case

menedéket   talált   egy   kis   városban.
shelter   found   a   small   town-in
                    [in a small town   ]

Valami   csekély   hivatala   is   akadt.
Some   small   office-his also   turned up
                     (job)

S   hozzá   látott,   hogy   új   életet   kezdjen.
And with that (he) saw   that   (a) new   life   starts

Nem   bántotta   senki,   s   nyugodtan   élhet,   ha   nem   lát
Not   (he) hurt   no one   and   calmly   can live   if   not   sees

folytonosan   rémeket.
continuously   ghosts

De   elég   volt   egy   hideg   szó,   vagy   egy   szokatlan
But   enough   was   a   cool   word   or   an   normal-without
                                                                (unusual)

tekintet,   hogy   kétségbe   essék.
look   that   doubt-in   fall
             [that would make him doubt   ]

Az a kicsinylő bánásmód, amelyből minden alantas sorsú
That little treatment the-which-from all menial fated
(belittling) (of which)

ember kiveszi a maga bőséges részét, Huber urat
people out-take the your plentiful part-your Huber Mr
(take out on) () [would give Mr Huber

lázba ejtette.
fever-in dropped
a fever]

Nem mert közeledni senkihez, s az idegen, aki görbén
Not dared to approach anyone-to and the stranger who askew

nézett rá, nem sejtette, hogy egy kést forgat meg
looked at him not guessed that a knife turned still
(twisted)

ama másik ember folyton vérző szívében.
that other man (for)ever bleeding heart-his-in

Vannak nyomorúságok, amelyeket csak kettesben lehet
(There) Are miseries which only loneliness-in are able

elviselni.
to endure

Huber	úr	kétségbeesésében	megházasodott.
Huber	Mr	despair-in	married

Volt	egy	lány,	aki	ismerte	a	szégyenét,	s	nem
It) Was	a	girl	who	knew	the	shame	and	not

vetette	meg	érte.	Huber	úr	azt	a	bolondságot
despised		for it	Huber	Mr	that		foolishness
despised him)							

eszelte	ki,	hogy	mivel	nincs	egyéb	megosztani	valója,
nvented		that	what-with	nothing	eachother	to share	really

megosztja	vele,	szegénnyel,	a	szégyent.
he) shared	with her	poverty-with	the	shame

Emez	okosabbat	gondolt,	mint	Huber	úr,	s	még	elég
This one	smarter	thought	than	Huber	Mr	and	still	quite

ókor	meghalt.
good-time	died
early)	

Sajnos,   nem   idejekorán.
Unfortunately   not   time-period-on
(before it was too late)

A   nyurga   kis   lány   és   a   pápaszemes   fiú   homályosan
The   lanky   small   girl   and   the   bespectacled   boy   vaguely

még   emlékeztek   reá.
still   remember   to-her
(her)

Hosszú   idő   alatt   mindenbe   beleszokik   az   ember.
Long   time   under   all-ín   get used to   the   people
(after)

S   Huber   úr,   ha   valami   gazságról   volt   szó,   találva
And   Huber   Mr   if   something   foul-about   was   word   found
(being said)   (unmasked)

érezte   magát.
felt   himself

III.
III

Egy szép nap Huber úr azt olvasta az újságban, hogy
A   nice   day   Huber Mr. this   read   the newspaper-in that

odafenn,   Pesten, megtalálták   a   becsületét.
there-up   Pest-in (they) found the honor-his
(over there)

Szétbontottak   egy   ócska, vasúti postakocsit, s   ennek
(They) disassembled a   junk   rail   mailcoach   and   there-to

egyik hasadékában   ráakadtak   a   húsz   évvel   ezelőtt
a   cleft-its-in   (they) found the twenty years   ago

elveszett pénzes levélre.
lost   money   letter

A   levélben   benne   volt   a   régi,   sok   szép   bankó;
The   letter-in   in-it   was   the   old   a lot   nice   banknote
                             (were)   (banknotes)

a   Huber   János   becsülete   hiánytalanul,   makula   nélkül.
he   Huber   Janos   honor-his   complete   stain   without

Huber   úrnak   reszketni   kezdett   a   keze,   mialatt   az
Huber   Mr-to   to shake   started   the   hand-his   while   the
To mr Huber]   [his   hand]

újságot   betűzte,   s   ahogy   fátyolozott   szemmel   tovább
newspaper   spelled   and   as   veiled   eyes-with   on

olvasta   a   hírt,   két   nagy,   kövér   könnycsepp   folyt   végig
read   the   news   two   large   big   tear   flowed   to the end
                                                        (tears)

fakó   arcán.
pale   face-his-on

Aztán   elkezdett   kiabálni   a   gyerekek   előtt:
Then   (he) started   to shout   the   children   in front of

"Itt   van   az   elégtétel! ...   Itt   van! ..."
Here is   the   satisfaction   Here (it) is

A   gyerekek   megijedtek   és   sírva   fakadtak.
The   children   got scared   and   crying   arose

Másnap   megérkezett   ártatlanságának   hivatalos   elismerése   is.
Next-day   arrived   innocence-his-to   official   recognition   also
(The following day)   [official recognition of his   innocence   ]

Az	igazgatóság	levelet	intézett	hozzá,	melyben	őszinte
he	manage	letter	sent	to-him	which-in	honest
	(Board of Directors)					

sajnálkozását	fejezte	ki.
xcuses	expressed	

Huber	úr,	húsz	évi	görnyedtség	után,	megkísérelt
Huber	Mr	twenty	year	stoopedness	after	tried
Mr Huber	]					

kiegyenesedni.
straighten out

S	ahogy	körülnézett,	csodálkozással	vette	észre,	hogy	a
And	as	(he) around-looked	wonder-with	took	sense-to	that	the
					[he became aware]		

világ	nyugodtan	forog	tovább.
world	calmly	turns	on

A	Huber	úr	kis	városkáján	nem	lehetett	észrevenni
The	Huber	Mr	small	town-his-on	not	could	notice
Mr	Huber's	]					

semmi	különös	változást.
no	particular	change

A	lakosság	nem	forrongott;
The	population	not	seethed

sokan	nem	is	olvasták	a	hírt,	mások	nem	tudták,
many	not	also	read	the	news	others	not	knew

hogy	Huber	úrról	van	szó.
that	Huber	Mr-about	is	spoken

Huber	úr,	hogy	elégtétele	teljes	legyen,	felutazott	a
Huber	Mr	to	satisfaction-his	whole	to be	traveled	the
		[to make his	satisfaction	complete	]		

fővárosba.
capital-into

Itt,   fennen   köszöngetett   húsz   év   óta   nem   látott
Here   loudly   thanked   twenty   year   since   not   seen

ismerősöknek,   akik   nem   ismerték   fel.
acquaintances-to who   not   recognized
                               (ismerték fel; knew up)

Elfelejtették   azok   Huber   urat,   régen.
Forgot   those   Huber   Mr   old-on
                                            (long ago)

De   Huber   úr   nem   nyugodott   s   fölkereste   az   egykori
But   Huber   Mr   not   rested   and   up-sought   the   one-time-of
                                                 (looked up)   (former)

pályatársakat.
field companions

Ezek   már   mind   szép   állásban   voltak,   s   Huber   látása
These already all   nice   position-in were   and Huber   sight-his
[These all had a   nice   position already   ]

nem   igen   izgatta   fel   őket.
not   very   stirred up   them
             (excited)

Egy   negyedóráig   elbeszélgettek   vele   s   megkínálták   szivarral.
A   quarter of an hour (they) chatted   with-him and (they) offered cigar-with

Azután   a   régi   bizalmassággal   nyilatkoztak   meg   előtte:
Then   the old   familiarity-with   (they) declared   in front of
                                                                 (him)

"Most   már,   kedves   János,   eredj   haza."
Now   already sweet   János   go   home

"Nagyon　sok　a　dolgom,　rendkívül　sok.　De　hidd　el,
Very　　　much　the　things to do　extremely　much　But　(you) believe

őszintén　örülök."
frankly　　I'm happy

S　Huber　úr　észrevette,　hogy　éppen　úgy　lenézik,　mintha
And　Huber　Mr.　noticed　　that　just　so　despise　like
　　　　　　　　　　　　　　　　　　　　　　　　　　　(despise him)

semmi　se　történt　volna.
nothing　not　would occured was
(anything)　　[would have occurred]

Huber　úr,　hogy　kárpótolja　magát,　megízlelte　a　vastag
Huber　Mr　to　indemnify　himself　tasted　the　thick

szivarokat　s　elment　az　orfeumba.
cigars　　and　away-went　the　music hall-into
　　　　　　　　　　　　　　　[into the music hall]

De   a   havannáktól   fejfájást   kapott,   s   rájött,   hogy   az
But   the   havana's from   headache   got   and   realized   that   the

orfeum   igen   szomorú   mulatság.
music hall (is) quite sad   amusement
                        (a sad form of)

Belátta,   hogy   nincs   egyéb   hátra,   mint   haza   utazni,   s
He-saw   that   nothing   else   left   as   home   travel   and
(He realized)

folytatni   ott,   ahol   abbahagyta.
continue   there   where   (he) left off

V.
V

Mikor	a	következő	vasárnap	Huber	úr	megpillantotta
When	the	following	Sunday	Huber	Mr.	spotted

Bórenbukk	bárót,	aki	orvosa	karján	közeledett	feléje,
Bórenbukk	Baron	who	doctor-his	arm-his-on	approached	him

hálával	teli	szívvel,	megilletődötten	emelte	meg	a
gratitude	full	heart-with	in awe	raised		the

kalapját,	s	mint	rendesen,	most	is	figyelmeztette	a
hat	and	as	properly	now	also	warned	the

gyermekeit:
children-his

Vince,	Malvinka,	szépen	köszönjetek	a	méltóságos	úrnak,
Vince	Malvinka	nicely	say hello	the	honorable	sir-to

ahogy	jól	nevelt	gyermekekhez	illik."
that	well	brought up	children-with	suits

De,	méltó	meglepetésére,	Bórenbukk	báró	ez	egyszer
But	deserved	surprise-his-to	Bórenbukk	Baron	this	once

nem	nyúlt	a	kalapjához	s	csak	az	orvos	fogadta	a
not	lifted	the	hat-with	and	only	the	doctor	accepted	the

köszöntést.
salutation

Mialatt	Huber	úr	álmélkodva	nézett	vissza	a
While	Huber	Mr.	amazed	looked	back	the

továbbhaladókra,	Bórenbukk	báró	megkérdezte	az	orvostól:
further-advanced-to	Bórenbukk	Baron	asked	the	doctor-from
(further-advanced-persons-to)					

"Ugy-e, ez az, aki ellopta a pénzes levelet?"
So well (is) this the one who stole the money letter

Az orvos felvilágosította:
The doctor him enlightened (felvilágosította;
(him) up-lit-let)

'Nem lopott ez, szegény, semmit a világon. Ellenkezőleg,
Not stole this poor nothing the world-on On the contrary
(poor guy)

most derült ki, hogy igazságtalanul gyanúsították."
now cleared out that truth-without (they him) suspected
(cleared up)

'Igen," felelt a báró, "olvastam az újságban. Különben
Indeed replied the Baron read the newspaper-in Anyway
(I read it)

nekem mindegy."
to-me all-one
(all the same)

S   tovább   viaskodott   az   asztmájával.
And on   struggled   the   asthma-his-with

59   Az Elégtétel

A VÉGEK   JULIJA
The Vég   Julia-of
Juli from the clan   of the Végs]

Juli	fölébredt	s	a	mai	lakodalomra	gondolt,	ahol
uli	up-woke	and	the	today's	wedding-to	thought	where
	(woke up)		[of	today's	wedding]		

nyoszolyólány lesz.
she) bridesmaid   will be

Azután	Tót	Jóskára,	aki	elsővőfély.
Then	Tót	Jóská-to	who	first best man
Then of Tót	Jóská	]	(who is)	(best man at the wedding)

Édesen   elmosolyodott.
Sweetly   (she) smiled

Hát	ő,	a	kis	Juli	még	tán	táncolni	is	fog	az	apja
Well	he	the	little	Juli	yet	perhaps	to dance	also	gets	the	father-her
					(még is; even)			(még is; even)		[to her	father's

haragosával,	aki	világcsúfságra	minden	esztendőn	learatja
anger-his-with	who	world-disgrace-onto	all	year	reaps
anger]		(to public disgrace)		(years)	

az	ő	szőlőjüket	Péter-Pál	éjszakáján.
he	his	grapes-their	(on) Peter Paul	night-its-on
]				(night)

Aztán   eszébe   jutott   minden   s   szelíden   ujra   elszunnyadt.
Then   mind-her-into   came   all   and   softly   again   fell asleep
[she   remembered]

Egyszerre   csak   fölrezzent   az   apja   mozgására.
One time-onto   only   up-startled   the   father-her   movement-his-onto
[suddenly   ]   (she was woken up)   [at her father's   movements]

A   szobában   még   koromsötét   volt,   csak   az   ablakban
The   room   still   pitch black   was   only   the   window-in

derengett   világos   folt   a   muskátlik   között.
loomed   light   patch   the   geraniums   between

"Mi   az?"   szólalt   meg   álmosan,   nyögdécselve   az   anyja.
What   (is) it   said   sleepily   groaning   the   mother-her
                            (mother of her)

"Hol   a   botom?   A   rézcsákányoz."
Where   (is) the   stick   The   copper-pickaxe

Juli   végigreszketett   nyári   takarója   alatt.
uli   end-to-shivered   summer-of blanket-her   under
        (shivered all over)   [under her summer blanket]

Az   anyja   ijedten   felült.
The   mother-her   startled   sat up
Her   mother]

"Mit   akar   kend.   Hová   megy?   ..."   Semmi   válasz.   "A
What   want   you   Where to   (you) go   No   response   The

szőlőbe?   ..."
vineyard into

"Oda.   Péter-Pál   éjszakája   van.   Ma   megfogom   azt   a
There   Peter-Paul   night-its   (it) is   Today   (I) catch   that
         (St . Peter-Paul's)   (night)

bitangot."
vagebond

"Jaj   istenem.   Volt   lelke,   nem   tette   meg!"
Oh   god-mine   Was   spirit   not   did
      (my God)   [It was a   ghost , he   didn't   do it]

"Volt   nekem,   mikor   öt   pengőt   ígértem   a   csősznek,   ha
Was   to me   when   five coin   (I) promised the fieldguard-to if
(He was a dead guy)   (coins)
megfogja."
catches
(he catches him)

"Öt   pengőt?"
Five coin
      (coins)

Csönd   lett.   Juli   ijedten   szorította   gyenge   bordácskáira   a
Silent   became Juli   startled   pressed   weak   to her little ribs the
                                                                            [her
tenyerét.
hand-her
hands]

A   szíve   olyan   hangosan   kalapált,   félt,   meghallják.
The heart-her so   loudly   hammered   she   (they) heard
[Her heart]   (feared)

Az   apja   meglelte   a   botot,   nagyot   koppantott   vele   a
The father-her found   the stick   greatly   tapped   with it the

padlón   s   kitört:
floor-on and broke out
              (spoke out)

"Csak a kezembe adja az én teremtőm. Nem
Only the hand-mine-in enters the my Creator-mine Not
[I only give my hand to my Creator]

virtuskodik velem többet a pántlikás legény. Adok én
hows off with me anymore the beribboned lad Give I
[I'll give]

neki szőlőt. Adok én neki virtust. Majd megszüreteltetem
o him grapes Give I to him bravado Then (I) grape harvested

Péter-Pálkor. Csak harmadszor is megcsúfoljon!"
Peter Paul-time Only (for the) third time also (I was) mocked

Nagyobbat vágott botjával újra s kiment.
Larger (he) rammed stick-his-with again and went out
Harder) (with his stick)

"Apjuk," kiáltott utána a felesége sírósan "apjuk.
Father-our out-cried after him the wife-his crying father-our
(Our father) (cried out) (our father)

Bolondot ne tegyen. Vigyázzon. Ez már nem kendhez
Foolish stuff not do Beware This already not with you

való. Jaj, ne tegye hozzá magát. Hallja! ..."
its Oh not do with him yourself Listen

De	az	öreg	becsapta	az	ajtót,	hogy	majd	leszakadt	a
But	the	old man	slammed	the	door	to	then	left	the

ház	s	elment.
house	and	went away

Juli	pedig	úgy	fülelt	összegombolyodva	lányos,	keskeny
uli	however	so	listened	together-rolled	girly	little

nyoszolyájában,	mint	a	megijesztett	sündisznó.
bridesmaid-her-in	as	a	scared	hedgehog

Az	édesanyja	elkezdett	vackolódni	az	ágyában,	hogy	a
The	mother	started	to snuggle	the	bed-her-in ()	that	the

nagyanyjáról	maradt	butor	nyikorgott-csikorgott,	ő	meg	a
grandmother-her-of	remained	furniture	creaked	squeaked	(of) her including	the
her grandmother's)	(old)					

száján	is	alig	mert	pihegni	szegényke.
mouth	too	just	because of	to wheeze	(the) poor thing
				(the wheezing)	

Hogyisne   mikor   ő   még   olyan   kis   lány,   aki   előtt   az
That-also-not   when   she   (was) still   so   little   girl   who   before   the
(Nothing of that sort)

édesapjánál   nincs   okosabb,   erősebb,   hatalmasabb   ember.
father-her-than   no   smarter   stronger   mightier   man
(not is)

De   aki   mégis   olyan   nagy   lány   már,   hogy   azt   a
But   who   though   so   large   girl   already   that   this

"pántlikás   legényt"   s   éppen   azt,   a   tulajdon   apjánál   is
decorated   lad   and   that-in   that   the   character-on   father-her-than   also
                        (exactly)   (character)   (than her father)

többre   tartja.
more-on   holds
(more)

És   épp   ezeknek   kell   összeakaszkodni.
And   just   them-to   must   together-cling

Uram   bocsá',   még   ráolvassák   a   tízparancsolatot.
Lord   forbid   still   onto-her-read   the   ten commandments

Ez	a	nyári	szőlőaratás,	ez	vette	meg	a	lelkét.
This		summer-of	grape harvest	this	took		the	spirit

Ez	olyan	fura	história,	hogy	a	mesébe	való,	ott	se
This	such	(a) weird	story	that	the	story-in	truth	there	not

hallott	különbet.
heard	difference

Az	elejére	nem	is	nagyon	emlékszik.
The	beginning-its-into	not	also	very	(she) remembers
				(very well)	

János	bátyját	megverte	Tót	Jóska,	miért,	miért	nem,
ános	brother-her	beat	Tót	Jóska	why	why	not
	(her brother)						

udja	is	ő,	akkor	még	kis	iskolás	leány	volt,	felőle
nows	also	he	that-time	still	(a) little	school	girl	(she) was	about it
			(as at the time)						

akárhogy	lehetett.
either way	could
	(could not know)

De   emiatt   az   apja   becsukatta   a   legényt   pedig   a
But   on account of this   the   father-her   into-locked-let   the   lad   although   the
                          [her   father]   (let lock up)
keresztfia   volt,   hát   nem   lett   volna   jussa   rá;
godson   was   thus   not   was   been   share-his   onto him

hisz   ami   esett,   a   családba   esett.
(he) believes that what   befalls   the   family-in   befalls

Akkor   kezdett   ügyelni,   mikor   Tót   Jóska   hazajött   s   azt
Then   began   to be on the lookout   when   Tót   Jóska   came home   and   this

fogadta,   hogy   minden   esztendőben   levág   száz   tő
(he) caught   that   every   year-in   off-cut   (a) hundred   root
                          (year)   (he would cut off)   (roots)
szőlejét   Vég   Andrásnak,   amiért   becsukatta.
vine-its   Vég   András-to   because of whom(he was) locked up
(of his vines)   [of Vég   András]

Ez   megtetszett   neki.
This   liked   to-him

Ezen	kacagott	magában.
his on	laughed	himself-in

Persze	neki	nem	fájt	az	apja	szőleje.		
urely	him	not	did hurt	the	father-his	vine		
					[his	father's]	(vines)	

Hát	még	mikor	azzal	jött	haza	a	csősz,	hogy	meg	is
Vell	still	time	that-with	came	home	the	fieldguard	that	( )	also
									[happened	

örtént!

appened

A	száz	tőke	porba	van.
he	hundred	root	dust	are
		(roots)		

Julinak	határozottan	imponált	ez	a	tett	s	örült,	hogy
uli-to	firmly	impressed	this		deed	and	(she) was happy	that

nem	lehetett	rábizonyítani	a	legényre	semmit.
not	was possible	to convict	the	lad-onto	anything

Attól kezdve mindig leste a csitri lány, a baglyas
hat-from starting always watched the teen girl the owlish

gyerek, a sovány kis semmi teremtés, a daliás legényt,
hild the skinny little nothing (of a) creature the handsome lad

aki fél méter hosszú pántlikát viselt a kalapjánál.
who half meter long ribbon wore the hat-his-at
                              (ribbons)   [onto his hat]

Beszélték, hogy kétszer egy lánytól nem vett el rá
They) said that two-times a girl-from not took away to-him
              (twice)   [not married]

pántlikát.
ribbon
the ribbons)

Mert csak az ő ángyát szereti ma is, akit János
or only the her sister in law-her (he) likes today too whom János
            ()

bátyja elvett, míg Tót Jóska oda volt.
brother-her married while Tót Jóska there was
her brother)   (away)

Ez	mind	tetszett	Julinak.	Minden	tetszett	neki,	amit	a
This	all	pleased	Juli-to	Everything	pleased	to her	which	the
			(Juli)			(her)		

nagy	legény	tett.
large	lad	did

Úgy	látta,	hogy	olyan	helyrelegény	nincs	több	a	faluban.
So	(she) saw	that	such	place-onto-boy	not	more	the	village-in
				(local boy)				

De	még	a	vásárba	se	látott	párját,	amikor	bent	jártak.
But	still	the	fair-in	not	(she) saw	his match	when	in there	(they) came
	(még se; neither)			(még se; neither)					

A	következő	évben	már	alig	várta	Péter-Pált,	amikor	a
The	next	year-in	already	barely	waited	Peter Paul	when	the
		(years)			(she could wait for)	(Paul's night)		[at the

szőlőaratásnak	meg	kellett	lenni.
grape harvest-to	()be	must	be
grape harvest]	(())	(would)	(be)

Félt,   hogy   elmarad.
She) was afraidthat   stayed away
                (he would stay away)

Kimondta   magában,   hogy   ha   meg   nem   teszi,   akkor
Outspoke   herself-in   that   if   ()does   not   does   then
She spoke)   (to herself)   (())   (he does it) (megteszi; does)
hitvány   ember.
he is a) contemptiblaman

Nem   volt   hitvány   ember.
Not   was   (a) contemptible man
        (was he)

S   Juli,   ahogy   nyurgult,   egyre   jobban   legeltette   a
And   Juli   that   extended   ever   better   grazed   the
            (who)   (grew taller)   (feasted)   ()
szemét   a   legényen.
eye-her   the   lad-on
her eyes)

Még   a   templomban   is   mindig   fellesett   a   karba   s
Still   the   church-in   as well   all the time   up-peeked   the   choir-in   and
Még is; Even)   [in   church]   (Még is; Even)   (peeked up)   [into   the choir]
éneklés   alatt   a   jó   Isten   szava   helyett   a   Tót   Jóska
singing   during   the   good   God   word   instead   the   Tót   Jóska
                        (words)   [Tót   Jóska's   voice
hangját   kereste   ki   a   sokféle   hang   közül.
voice-his   sought out   the   wide range of   sound   between
]

Már   még   olyanfélére   is   gondolt   az   idén,   hogy
Already   still   such-reached-to   too   (she) thought   the   this year   that
(arrived the time)

maholnap   nem   lesz   a   faluban   lány,   aki   pántlikát   ne
today-tomorrow   not   be   the   village-in   (a) girl   who   (a) ribbon   not
(sooner or later)

adott   volna   a   Jóska   kalapjához: őrá   kerül   a   sor.
gave   have been   the   Jóska   hat of   her to   arrives   the   rank
(given)   (was)   (turn)

S   valahányszor   új   pántlikát   font   a   hajába,   előbb   mindig
And   whenever   new   ribbon   braided   the   hair-her-in   sooner   always

megtűzte,   mintha   kalapra   szánná   s   meglengette,   hogy   is
fastened   as if   hat-to   would mean   and   waved   that   also

repülne   az   a   Jóska   kalapjánál.
would fly   that   Jóska   hat-his-with

Szót   nem   váltottak   soha,   de   még   ha   szembe
Word   not   exchanged   never   but   yet   if   eye-in
(Words)   (face to face)

találkoztak   is,   Juli   mindig   fölvetette   a   fejét   s   félrenézett,
(they) met   also   Juli   always   up-threw   the   head-her   and   away-looked
(threw up)   (head of her)   (looked away)

mintha   nem   akarná   meglátni.
as if   not   would want   to see

S	megtörtént	a	múlt	napokban	a	csoda	hogy	Julit,
And	happened	the	past	days-in	the	miracle	that	Juli

akit	senki	se	látott	meg	a	világon,	Tót	Jóska
whom	nobody	not	saw		the	world-on	Tót	Jóska

megszólította	nyílt	utcán,	mikor	rendes	módján
addressed	open	street-on	when	usual	way

jőgösködve	ment	el	mellette.
haughtily	went	away	next to him

"Hej,	kis	lány,"	szólt	rá	"csak	nem	haragszol	rám,	te
Hey	little	girl	said	to her	just	not	be angry	to-me	you

háromzúzájú."
three-gizzard-ed

'Lám	csak,	jó	hogy	látlak,	már	elfelejtkeztem	vóna
Well	only (just)	good (well)	that	(I you) see	already	would forget	

rólatok..."
about you

Juli	majd	elszédült	s	egy	szót	sem	bírt	kinyögni.
Juli	then	dizzy became	and	a	word	not	was capabld o utter

Tovább   ment,   csaknem   szaladva.
Further   went   just-not   running
                   (almost)

Azóta   se   élő,   se   halott   nem   volt,   mindig   erre   gondolt.
That   not   alive   not   dead   not   was   all the time   this of   thought

szonyúan   restelte   magát,   hogy   nem   vágott   vissza.
Horrible   blamed   herself   that   not   cut back
                                            (retorted something)

Nem   is   sejtette   ugyan, mi az   a   „háromzúzájú",   de   biztosra
Not   also   guessed   that   three-gizzard-ed   but   for granted

vette,   hogy   olyan   borzasztó   nagy   gorombaság,   amit   nem
took   that   such   awful   large   rudeness   which   not

ett   volna   szabad   eltűrnie.
would be   free   to tolerate
would have been)

Ez   már   nagyobb   sértés,   mint   a   **szőlőaratás.**   Csak   úgy
This   already   larger   offense   than   a   grape harvest   Only   so

főtt   a   **vére,**   hogy   bosszulja   meg   érte   a   legényt.
cooked   the   blood   that   trumped   for it   the   lad

Az   is   igaz,   hogy   egy   kicsit   büszke   is   volt   rá.   Dehogy
It   also   (is) true   that   a   bit   proud   too   was   to him   But-that
                                                                                  (Sure)

kicsit.   Nagyon.   Borzasztóan.
(a) bit   Very   Terribly

Őróla   jut   eszébe   a   bosszú!
She about him got to   mind-in   the   revenge

Hisz   akkor   neki   szól!
(You) Believe then   to him   speaks

Érte   teszi!
For him   does

Az   ő   kedvéért!
The   his   sake for

Őt   bosszulja   meg   vele!
she   takes revenge   with him
                          (on him)

Ő   vele   harcol! ...
she   with him fights
              (shall fight)

Hisz   akkor   ő,   Juli,   a   Végék   Julija,   nagy   lány!
You) Believethen   she   Juli   the   Ends   Juli-its   large   girl
                                          (their Juli)

S   mikor   erre   gondolt,   táncra   perdült   és   mindent
And   when   this to   thought   dance-onto   spun   and   everything

elforgatott,   amihez   hozzáért.
overturned   which   (she) touched

S   reszketett,   hogy   mégis   lemond   a   legény   a   harmadik
And   trembled   that   even   down-say   the   boy   the   third
                                          (renounce)

szőlőmetszésről.
grape-cutting-of

Micsoda   megaláztatás   lenne   az   őreá.   Szerette   volna,   ha
What a   humiliation   would be it   (of) him to her (She) Would have loved   if

újra   találkoznak.
again (they would) meet

Százféle   goromba   szót   forgatott   magában,   amit   a   fejéhez
Hundred-sort-of rude   word   shot   herself-in which the head-with
                                          (through herself)
vágott   volna   a   hires   legénynek,   csak   azért,   hogy
would cut   the famous   lad   only   because of that
(would throw)
istenigazában   megdühítse.
God-truth-his-in   saw red
                (saw red before the eyes)

Azért   mégsem   mert   kimozdulni   hazulról,   mert   jól   érezte,
That-for yet neither dared   to go out   home-from   because well felt

hogy   megint   az   inába   szállna   a   bátorsága,   ha   újra
that   again   the   nerve-her-in would fly   the courage   if   again

szembe   jönne   rá   a   legény.
face-in   (he) would chanceonto her the   lad

Milyen   égi   szerencse,   hogy   ő   csak   ilyen   semmi   kis
What   heavenly fortune   that   she   only   such   nothing   little
                                                               (a)

Juli,   akivel   senki   sem   törődik.
Juli   whom   no-one   either   cares

Legalább   nem   látták   meg   a   nagy   tünődését.
At least   not   (they) saw   the   great   musings-her

Bezzeg   ha   "Juliska"   volna,   akkor   mindenki   becézné,
Why   if   little Juli   would have been   then   everyone   endearing

vigyázná...
caring

Vagy   akár   ha   "Julcsa"   lenne,   is,   szemet   szúrna   akárkinek.
or   just like   if   Julcsa   would be   also   eye   would strike   to everybody
                                                                      [would be   conspicious]

De hát egy Juli azért Juli, mert ő csak olyan
But so a Juli because of that (is a) Juli because she only a

haszontalan kis teremtés, aki nem tünik szemébe
useless little creature who not appears eye-his-in

senkinek, nevet se adnak neki.
no-one-to name not would give to him

Pedig ha tudnák, mi minden forr ennek a hókaképű
Yet if (they) would know what all boils this-to the white-faced

lánykának a lelkében, bizonyosan többet néznének rá,
little-girl-to the soul-in surely more would look to her

az anyja is többször pirongatná s többször dicsérné meg.
the mother as well several times would admonish and several times would compliment

Julit most, e percben, igazán a hideg rázta az ágyban.
Juli now the minute-in truth-on the cold shivered the bed-in

Látta,   hogy   az   apja   mennyire   fel   van   indulva.
Saw   that   the   father-her much-to   up   is   worked
                                              [agitated is   ]

Ha   azok   ott   találkoznak,   abból   halál   lesz.
If   them   there   meet   from it   death   will be

S   véres   képek   tódultak   a   szemére.
And bloody   images   rushed   the   eye
                                         (s)-her-onto

Magamagát   tette   felelőssé.
Herself to herself   made   responsible

Istenem,   miért   is   volt   ő   olyan   kevély.
God-my   why   also   was   he   so   proud

Most   semmi   baj   se   lenne.
Now   no   trouble   not   would be

Jóskának eszébe se jutott volna a szőlő.
óska-to mind-his-in not came have been the grape
[would have come] (s)

S kiszaladt a száján egy sóhaj: "Szegény Jóska."
and out-ran the mouth-her a sigh Poor Jóska
(came out)

Már egész világos az ablak; Kint kongó lépések.
already wholly light (is) the window Outside banging steps

Nyílik az ajtó s belép az apja. Mogorván. Dühösen.
Opens the door and into-steps the father Glowering Angrily
(enters)

"No. Apjukom. Baj van?"
Well Father-mine Trouble is

"Baj."
Trouble

"Jaj   istenem,   istenem.   Jaj   teremtő   szent   atyám.
Oh   god   god   Oh   creator   holy   father-mine

Jehovaszüzmáriám!   Learatta?"
Godjesusmary   Down-taken
                      (Harvested)

"Le."
Down

"Jaj,   de   legalább   kitekerted   a   nyakát."
Oh   but   at least   unrolled   the   neck-his
                             (rolled)

"Nem   fogták   meg."
Not   (they) took
         (him)

"Ó   te   ember,   ember!   Ó   a   drága   szőlő.   Ó   a   gyönyörű
Oh   you   people   people   Oh   the   expensive grape   Oh   the   beautiful
                                                          (s)

szőlő.   Ó   hogy   a   föld   siesse el   a   pokolra   valót.   Mit
grape   Oh   that   the   earth   hurries away the   hell-to   (that) kind What
(s)   (takes away)

mond   a   csősz?"
says   the   fieldguard

"Azt, hogy minek   van haragosom."
It   that   what-for is   anger-mine
(It is)   [why   I'm angry]

Az   öreg asszony felkelt,   szoknyát   kapott   s   elkezdett   a
The old   woman   got up   skirt-her took   and   started   the
                                (her skirt) (put on)

házban le   s   fel szaladgálni   és   fejére   kulcsolt kézzel
ouse-in down and up   run around   and head-her clasped   hand-with
                                            (her head)   (with her hands)

ajveszékelt.
and) wailed

Juli meg,   a   kis   gonosz,   a   kis   lelketlen elkezdett
uli   however   the little naughty   the little soulless   started
                         (naughty girl)   (person without conscience)

kacagni.
o laugh

Volt esze,   nem hangosan,   csak úgy befelé.   A   szívével,
Vas   mind-her   not loudly   only so   inside   The heart-with
It was) (in her head) (out loud)

nem a   szájával.
ot   the mouth-with

Olyan büszke lett, olyan kevély lett arra a pántlikás
o proud became so proud became that-to the ribboned
(about)

legényre!
lad-to
(lad)

Hamar felkelt, felöltözött s ki a kert lábjába!
Soon got up dressed and out the garden leg her in
(on her bare feet)

Ott egy kenyérdagasztás idejeig kacagott, kacagott tiszta
There a kneading time laughed laughed purely
[expression pointing at the time needed to knead the dough for bread]

szívéből.
from the heart

Akkor aztán igen szomorú arcot öltött s felment
Then that after very sad face put up and went up

hallgatni a jajgatást, panaszt.
to listen to the wailing complaint

Tele   volt   a   ház   a   szomszédokkal.   Hullt   az   áldás   a
Full   was   the   house   the   neighbors-with   Waved   the   blessing   the

pántlikás   kalapra.
ribonned   hat-to

Mindenki   tudta,   hogy   ő   volt   s   azt   hányták vetették
Everyone   knew   that   he   was   and   that   were thrown about
                            (was the one)   (they were in a feud)

éppen,   hogy   nincs   mód   a   bosszúra   vele   szemben.
that-in   that   there is no   way   the   revenge-to   with-him eye-in
(at that moment)   (face to face)

A   János   nem   tehet   semmit.   Az   már   házas   ember   s
(Against) THJános   not   (he) can do   anything   The   already   married   people   and

most   is   másképen   van   a   felesége.
now   also   otherwise   (there) is   the   wife
                                        (bride)

Az   öreg   se   tehet   semmit.   Más   se.
The   old one   not   can do   anything   Other   not
                                        (Anything else)

Persze,   ha   volna   még   egy   arravaló   legényfia...
ure   if   (he) would be still   a   fit-for-it   boy-son
                                                              (laddie)

Ez a   beszéd   szöget   ütött   a   Juli   fejébe.
his   speech   angle   struck   the   Juli   head-her-in

Hiszen,   ő   tudja   legjobban,   ez   a   mai   tett   neki   szól.
) Believe   he   knows   (the) best   this   today   did   to him   speak

Csakis   ő   neki.
)nly-also   she   to-him

Meg   a   „háromzúzájú"   is.
Moreover   the   three-gizzard-ed   as well

Neki   kell   visszatromfolni.
To him   must   return-trump
(get even)

S   egyszerre,   mintegy   villanásra,   eszébe   ötlött   a   tromf
And   at the same time   as-a   flash to   mind in   occurred   the   trump
(a sort of)

módja.
way-its

Ha   azt   megtehetné!
If   it   (she) could do

"Most   már   mi   lesz   a   lakodalommal,   kérdezte   egyik
Now   already   we   be   the   wedding-with   asked   one

szomszédasszony   elmennek?"
neighbor-lady   (they) leave

El",   szólt   keményen   Juli   apja.
Away   said   hard   Juli   father-her

De   Tót   Jóska   az   első   vőfély."
But   Tót   Jóska   the   first   main-man

Azér!   Éppen   azér!"
That-for Just   that-for

Juli   összeszorította   éles   apró   egérfogait   s   hallgatott   a
uli   together-clenched sharp   little   mouse-teeth-her and   was silent   the

arokban   maga   is,   mint   egy   kis   szürke   egér.
orner-in   herself also   as   a   little gray   mouse

aj   csak   az   apja   ne   engedjen!
Oh   only   the   father-her not   let me
      (what if)

Csak   elmenjenek   a   mai   nagy   lakodalomba.
Only   leave   the   today-of   large   wedding-into

Majd   módját   leli   ő   a   tervének...
Then   manner-her   happens   her   the   plan-to
        (according to her way)   (plan)

És   úgy   is   lett.
And   so   also   (it) was
        (like that)

Az   egész   falu   tele   volt   suttogással.
The   whole   village   full   was   whisper-with

Vég   András   egész   családostól   ott   lesz   a   lakodalmon,
Vég   András   whole   family-from   there   will be   the   wedding-on

lastul,   menyestül!
on   daughter-in-law

Az   lesz   a   cifra.
It   will be   the   gaudy

És   Tót   Jóska   az   **első**   **vőfély.**   Nagy   volt   a   lakodalom.
And   Tót   Jóska   the   first   main-man   Great   was   the   wedding
[the   best man   ]

Még   a   félholt   is   fölkerekedett;   meg   akarták   látni,   hogy
Yet   the   half-dead   also   rose   ()   wanted   to see   that
(Még is; even)   (very ill)   (Még is; even)   [they   wanted to see   ]

néz   szembe   a   megcsúfolt   família   a   **szőlőaratóval.**
look   eye-in   the   mocked   family   the   grape harvester-with
(in the eyes)   (grape harvester)

Az   embereket   **jólesően**   borzongatta   meg   egy   kis
The   people   positively   thrilled   a   little

vérszagvágy.
blood lust

A   nagy   **vőfély**   táncolt,   mint   az   abrakos   paripa.
The   large   best man   danced   as   the   fed   horse

Vadonatúj,   hosszú   pántlikája   messze   lobogott   pörge
Brand new   long   ribbon-its   far   was waving twisted
                                                        [from his

kalapjáról.   Egyre   feszültebb   lett   a   helyzet.
hat-from   More and more tense became the situation
little felt hat with upturned brim]

Úgy   látszik,   Tót   Jóskába   hét   ördög   bújt,   erővel
So   appears   Tót   Jóska-into seven devil   hid   force-with
                                        (devils)

kötözködni   akar.   Egyelőre   senki   sem   vágott   vissza   neki
aunt   wants   One-before-to   no-one   not   cut back   at him
                     (For the time being)   (gets back)

a   Vég-hadból.
he Vég-force-from

Pedig   mindenkinek   rajtuk   volt   a   fél   szeme   s   többen
Yet   everyone   to them   was   the   half   eye   and   people
                                 (kept)   (one)

észrevették,   hogy   még   a   kislányuknak,   a   Julinak   is   ég
noticed   that   yet   the   little daughter the   Juli-to   also   burns
                                                                         [burn

a   szeme,   mint   a   parázs.
he eye-her   as   the   embers
he eyes]

Ez	a	szem	feltűnt	Jóskának	is	és	úgy	izgatta,
This		eye	struck	Jóska-to	as well	and	so	intrigued
(These)		(eyes)						

ingerelte,	mint	a	vörös	kendő	a	bikát.
annoyed	as-if	a	red	scarf	a	bull

Mit,	ő	ezzel	a	gyereklánnyal	ne	bírjon.
What	he	this-with	the	child-girl-with	not	put up

Egyszer	se	néz	rá	a	kis	cafra.
Once	not	looks	at him	the	little	hussy
	(even)					

Hirtelen	félrehárítja	a	táncosokat	s	a	tükör	alatt	álló
Suddenly	side-to-brushed	the	dancers	and	the	mirror	under	standing

kis	asztal	elé	perdül.
small	table	before	makes a pirouette

Ott	ültek	a	tekintélyes	öregek.
There	sat	the	considerably	old
				(old folks)

Rákezdi   a   nótát: Három   fehér   szőlőtőke,   Három   fekete...
urns on   the   song   Three   white   vines   Three   black

A   hátulsó   sorban   ezt   mondja   valaki:
he rear   row-in   this   says   someone

Akasztott   ember   házában   nem   jó   kötelet   emlegetni."
Hanged   person   house-its-in   not   good   rope   to mention
[Don't   mention rope in the house of a   hanged man   ]

A   vőfély   meglengette   pántlikás   kalapját   s   lecsapta   az
he best man waved   ribboned   hat-his   and   slammed   the

sztalra.
ble-onto

Azzal   veszett   kihívóan   másik   nótára   kezdett:
hat-with   took   defiantly   another   song-to   started

Száz   szál   bakar   venyige,
Hundred blade infantry vine-shoot
       (blades)   (vine shoots)

Száz   szál   venyige...
Hundred blade vine-shoot
       (blades) (vine shoots)

Halálos   csönd   lett.   A   táncolók   is   szinte   megállottak.
Deadly   silent became The dancers   as well almost   stood still

Nem   történt   semmi.
Not   happened   nothing

A   vőfély   felkapta   a   kalapját   s   mámorosan   lóbálta   meg.
The best man   picked up   the hat-his   and rapturously   swung
                                                              (swung it)

Ebben   a   pillanatban   harsogó   kacagás   tört   ki.   A   kalapon
That-in the moment-in   roaring   laughter   broke   out   The hat-on

nem   volt   pántlika.
Not   was   (any) ribbon

Valaki　levágta　a　lengőjét.
Someone　cut off　the　tie-its

Ónos,　fakószinű　sápadtság　öntötte el　a　legény　arcát.
Freezing　pale in color　pallor　poured away　the　boy　face-his
　　　　　　　　　　　(drained)　　　(boy's)　(face)

Őrült　düh　szorította　össze　a　torkát.
Crazy　anger　pressed　together　the　throat-his

"Ki　tette　ezt!"　ordította　vadul.
Who　did　this　(he) yelled　wildly

"Én!"　csendült　fel　egy　merész　hang.
I　rang up　　　a　bold　voice
　　(rang out)

Juli　volt.
Juli　(it) was

\z   egész   világ   rábámult   s   a   kis   lány   ott   állt
he   whole   world   stared   and   the   little   girl   there   stood

zemben   a   legénynyel.
ye-in   the   young man with
ace to face)

:s   ni,   hisz   ez   nem   is   kis   lány.
nd   why   believes   this   not   also   little   girl

:s   milyen   szép!
nd   what   beautiful
        (so)

)lyan   amilyen   csak   lehet   egy   ilyen   se   kicsi,   se   nagy
uch   which   only   can be   a   so   neither   small   nor   large

ány,   akinek   minden   porcikája   reszket   a   rémülettől   s   aki
irl   whom   all   cartilage of her   trembled   the   terror-of   and   who

zért   mégis   úgy   áll,   mint   a   paradicsom   kapuján   az
ecause of it   even   so   stands   as   the   paradise   gate-its-at   the

ngyal   a   lángpallossal.
ngel   the   flaming sword with

Két	kezében	feltartotta	s	meglobogtatta	a	két	szál
Two	hand-her-in	(she) held up	and	waved	the	two	strand
[In her	two hands]						(s)

pántlikát.
(of) ribbon

A	legény	meg	volt	verve,	össze	volt	törve,	nem	tudta,
The	boy	()	was	defeated	together	was	broken	not	knew
		[was	defeated	]					

mit   tegyen.
what   done

S	üveges	tekintete	összekapcsolódott	a	lányka	égő,
And	glassy	gaze	together-linked	the	little girl	burning

tüzes   pillantásával.
fiery   gaze-with

Egy	hosszú	perc	telt	el,	akkor	megszólalt	rekedten	a
A	long	minute	passed away	then	spoke	hoarsely	the
			(passed)				

nagy   vőfély:
large   best man

"Vég András bátyám, hallja kend! Istenjézus
Vég András brother-mine hear you Godjesus

szentszűzmária ucscse kipusztítom kendteket egész
holymary etc devastates your whole

famíliástól, vagy hozzám adják ezt a kislányt feleségül."
family or to me you give this little girl as a wife

"Kérdezd meg őt" válaszolt lányára kevélyen Vég András.
Ask to hereplied daughter-to pride-on Vég András

"Hozzám jösz?" kérdezte a vőfély.
With-me (you) come asked the best man

"Igen!" szólt a kis lány.
Yes said the little girl

Ejha,   ez   a   Végék   Julija?"   kiáltott   valaki   s   csakugyan
Wow   this   Végs   Juli-its   cried   someone   and   indeed
[is this Juli   of the Végs   ]

az   egész   lakodalmas   népség   ezt   kérdezte   a   szemével.
he   whole   wedding   folks   this   asked   the   eye-his-with
[with their eyes]

Hát   ez   a   Végék   semmi   kis   Julija?
Well   this   Végs   nothing   little   Juli-its
(Juli)

Ez   a   kinyilt   rózsa?
This   opened   rose

Ez   a   boldogságtól   piros,   ez   a   derék,   szépséges   virág?
This   happiness-from   red   this   brave   beautiful   flower

Na,   hát   ez   csoda.
Oh   so   this (is a) miracle

Mert   itt   ma,   az   egész   világ   szeme   láttára,   valóságos
For   here today the   whole   world   eye-its   sight-onto (it's a) real

csoda   ami   történt.
miracle that   happened

The book you're now reading contains the paper or digital paper version of the powerful e-book application from Bermuda Word. Our software integrated e-books allow you to become fluent in Hungarian reading and listening, fast and easy! Go to learn-to-read-foreign-languages.com, and get the App version of this e-book!

The standalone e-reader software contains the e-book text, includes audio and integrates **spaced repetition word practice** for **optimal language learning**. Choose your font type or size and read as you would with a regular e-reader. Stay immersed with **interlinear** or **immediate mouse-over pop-up translation** and click on difficult words to **add them to your wordlist**. The software knows which words are low frequency and need more practice.

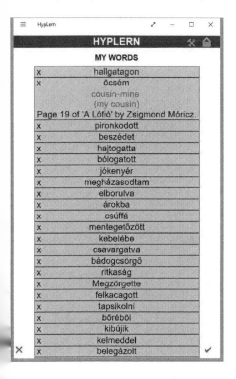

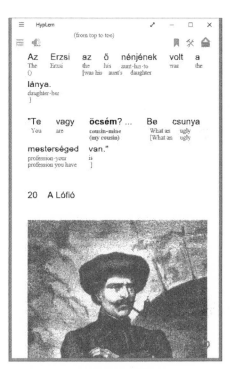

With the Bermuda Word e-book program you **memorize all words** fast and easy just by reading and listening and efficient practice!

Made in the USA
Middletown, DE
05 November 2020